Knaur

Christof Baur · Bernd Thurner

In 12 Wochen zum Marathon

Das Abenteuer Marathon – so weit die Füße tragen 4

Die Vorbereitung entscheidet 5
Was ist systematisches Training? 6
Ihre persönlichen Voraussetzungen 6

Bevor Sie starten – die wichtigsten Trainingsgrundlagen 12

So funktioniert die Energiebereitstellung 13
Belastungssteuerung mittels Herzfrequenz 16
Berechnung der Trainingsbereiche 17
Noch genauer – Laktatdiagnostik 20

Unterschiedliche Trainingsbereiche sorgen für Abwechslung 22

Das Ziel bestimmt den Weg 23
Trainingsbereich 1 – Fettstoffwechseltraining 24
Trainingsbereich 2 – Progressives Fettstoffwechseltraining 25
Trainingsbereich 3 – Lockerer Dauerlauf 26
Trainingsbereich 4 – Progressiver Dauerlauf 27
Trainingsbereich 5 – Extensiver Tempolauf 28
Trainingsbereich 6 – Intensiver Tempolauf 29
Trainingsbereich 7 – Intensives Intervalltraining 30
Trainingsbereich 8 – Regenerativer Lauf 31

Regeneration – so sammeln Sie neue Kräfte 32

Das Prinzip der Superkompensation 33
Beschleunigung der Regeneration 34
Verbrauchte Energie zurückgewinnen 36

Gesunde Basisernährung steigert die Leistung 38

Qualitativ hochwertige Lebensmittel einkaufen 39
Trinken hat oberste Priorität 40
Kohlenhydrate im Training 41
Kohlenhydrate im Wettkampf 43

Die Trainingspläne – maßgeschneidert auf Ihr Ziel 46

Die Trainingsblöcke 47
Trainingsplan: Ankommen mit Minimalaufwand 49
Trainingsplan: Sicher ankommen 53
Trainingsplan: Unter vier Stunden 57
Trainingsplan: Unter dreieinhalb Stunden 61
Krafttraining für Marathonläufer 65

Der Count-down läuft – so klappt die Vorbereitung 68

Die letzten zwei Wochen im Zeitraffer 69
Der große Tag ist da 71

Service 74

Trainingsplaner 74
Die Trainingsbereiche im Überblick 75
Leistungsdiagnostik 76
Marathon in Deutschland und Europa 77
Beratung und Ernährung 78
Empfehlenswerte Literatur 78
Register 79
Impressum 80

Das Abenteuer Marathon –

so weit die Füße tragen

Glauben Sie, dass Sie 42 195 Meter an einem Stück laufen können? Nein? Wenn Sie dieses Buch zu Ende gelesen haben, werden Sie nicht nur anderer Meinung sein, sondern sich bereits mitten in der 12-wöchigen Vorbereitungsphase befinden!

Die wichtigste Botschaft dieses Buches ist, dass jeder Marathon laufen kann. Und das in nur zwölf Wochen. In Ihnen schlummert ein Potenzial, von dessen Ausmaß Sie momentan überhaupt keine Vorstellung haben. Lassen Sie sich auf ein völlig neues Abenteuer ein. Als solches sollten Sie dieses Vorhaben nämlich verstehen.

Die Vorbereitung entscheidet

Ein großes Abenteuer, dessen Ausgang wir vorhersagen können: Sie werden das Ziel erreichen, wenn Sie nur wollen. In Wirklichkeit ist der Marathon nämlich keine körperliche, sondern eine psychische Herausforderung. Die wichtigste Eigenschaft, die Sie daher brauchen werden, ist Geduld. Die Geduld, lange, aber langsam zu laufen. Während des Marathons, vor allem aber im Training. Denn das wird sich über 12 Wochen hinziehen.

Der altgriechische Läufer, nach dem der Marathon benannt ist, schaffte die lange Strecke beflügelt durch den Sieg über die Perser, den er nach Athen meldete. Seine modernen Nachfolger beziehen die Motivation für diese sportliche Höchstleistung mehr aus der Lust am Abenteuer und der persönlichen Herausforderung.

Auch für Freizeitsportler errreichbar

In der Regel setzen Trainingswissenschaftler für eine erfolgreiche Marathonteilnahme eine mehrmonatige gezielte Vorbereitung und mehrere Jahre Lauferfahrung voraus.

Die Praxis hat diese Theorie allerdings längst überholt: Viele Beispiele zeigen, dass auch Untrainierte nach relativ kurzer Vorbereitungszeit die Herausforderung bewältigen. Die zunehmende Popularität des Laufens senkt die Hemmschwelle und die Einstellung »Einfach mal ausprobieren und ins Ziel kommen« wird mehr und mehr das Motiv für eine Teilnahme.

Der Schlüssel ist systematisches Training

Dieses Buch zeigt, dass die Marathonstrecke keineswegs wenigen Auserwählten vorbehalten sein muss. Jeder, der motiviert ist, kann mit den Informationen in diesem Buch das Ziel erreichen, sogar Zeiten unter vier Stunden anpeilen. Das Zauberwort heißt systematisches Training! Wenn Sie die Ratschläge des systematischen Trainings befolgen, werden Sie erleben, dass Sie zu Leistungen fähig sind, die Sie zuvor nicht für möglich hielten. Bestehen Sie die Herausforderung: in 12 Wochen zum Marathon.

Was ist systematisches Training?

Ganz einfach: Viele Sportler, gerade Anfänger, trainieren dann, wenn sie Zeit haben, wenn das Wetter schön ist oder wenn sie gerade Lust zum Training haben. Wir nennen diese Art zu trainieren »zufälliges Training«. Im Gegensatz dazu geben beim systematischen Training die Prinzipien der biologischen Leistungssteigerung das Training vor.

Gezielt die Belastung dosieren

Im Wesentlichen bestehen diese Prinzipien aus dem Wechsel zwischen Belastung (Training) und Erholung (Regeneration). Das Optimieren von Trainingsreizen und die Verkürzung der Erholungszeiten ist das Prinzip des systematischen Trainings. Sie werden also nicht dann trainieren, wenn Sie Zeit oder Lust haben, sondern dann, wenn Ihr Körper einen neuen Trainingsreiz braucht. Das kann auch dann der Fall sein, wenn es gerade regnet. Das ist sicherlich am Anfang etwas gewöhnungsbedürftig, übt vielleicht auch einen gewissen Druck aus, aber Sie haben sich ja auch etwas Besonderes vorgenommen.
Natürlich würde sich Ihre Leistungsfähigkeit auch verbessern, wenn Sie »zufällig« trainieren. Vielleicht erreichen Sie damit sogar das Marathonziel. Aber nur vielleicht! Mit dem systematischen Training werden Sie sicher und mit erhobenem Haupt nach 42,195 Kilometern im Ziel stehen.

Warum überhaupt so eine Strapaze auf sich nehmen? Bei einer Umfrage gab die Mehrheit der Läufer an, seelisches Gleichgewicht, Vitalisierung, mehr Lebensfreude und ein besseres Selbstwertgefühl durch ihren Sport zu gewinnen.

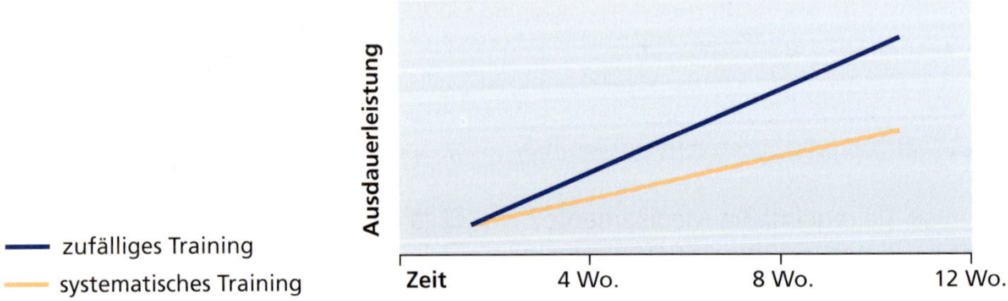

Ihre persönlichen Voraussetzungen

Grundsätzlich darf jeder bei diesem Training mitmachen. Wer allerdings nicht völlig gesund ist, muss es bleiben lassen. Auch die Motivation und das soziale Umfeld spielen eine wichtige Rolle. Wenn Sie die folgenden Fragen beantwortet haben, werden Sie wissen, ob Sie die gesundheitlichen Voraussetzungen für eine Marathonteilnahme erfüllen und vor allem, ob Sie das wirklich wollen.

Sind Sie gesund?

Wenn Sie an unserem 12-Wochenplan teilnehmen wollen, müssen Sie gesund sein! Das heißt nicht, dass Ihnen nur momentan nichts weh tut, sondern dass Sie wirklich kerngesund sind, keine internistischen, orthopädischen oder psychischen Probleme vorliegen. Die folgenden Fragen helfen Ihnen, sich einen Überblick zu verschaffen.

Ein gründlicher Gesundheitscheck bei Ihrem Hausarzt sollte selbstverständlich sein, bevor Sie ein gezieltes Marathontraining aufnehmen. Selbstüberschätzung oder Verleugnung körperlicher Probleme bringt nicht nur Sie selbst in Gefahr, sondern ist auch unverantwortlich gegenüber anderen Wettkampfteilnehmern.

1. Haben Sie eine Herzerkrankung (Herzinfarkt, Angina Pectoris, Herzschrittmacher)? ❑ Ja ❑ Nein
2. Haben Sie einen Herzfehler oder eine Herzschwäche? ❑ Ja ❑ Nein
3. Haben Sie Herzrhythmusstörungen? ❑ Ja ❑ Nein
4. Haben Sie einen frischen Bandscheibenvorfall? ❑ Ja ❑ Nein
5. Leiden Sie regelmäßig unter massiven Rückenbeschwerden? ❑ Ja ❑ Nein
6. Haben Sie chronische Infektionen oder Entzündungen? ❑ Ja ❑ Nein

Haben Sie auch nur eine der Fragen 1 bis 6 mit »Ja« beantwortet, dürfen Sie keinesfalls an diesem 12-Wochen-Programm teilnehmen. Wenn Sie eine oder mehrere der unten stehenden Fragen 7 bis 14 mit »Ja« beantworten, sollten Sie vor Beginn des Marathontrainings in jedem Fall mit Ihrem Arzt sprechen.

7. Nehmen Sie regelmäßig Medikamente? ❑ Ja ❑ Nein
8. Liegt Ihr Blutdruck über 180/115 mmHg? ❑ Ja ❑ Nein
9. Leiden Sie häufig unter Schwindel oder Kopfschmerzen? ❑ Ja ❑ Nein
10. Haben Sie eine Asthma-Erkrankung? ❑ Ja ❑ Nein
11. Leiden Sie unter Diabetes mellitus? ❑ Ja ❑ Nein
12. Haben Sie eine Schilddrüsenerkrankung? ❑ Ja ❑ Nein

13. Sind Sie über 35 und treiben keinen Sport? ❑ Ja ❑ Nein
14. Haben Sie in den letzten drei Monaten kein Belastungs-EKG beim Arzt durchführen lassen? ❑ Ja ❑ Nein

Wenn Sie eine oder mehrere der Fragen 15 bis 17 mit »Ja« beantworten, können Sie grundsätzlich Ihr Ziel in Angriff nehmen, sollten allerdings noch warten, bis Sie wieder gesund sind.

15. Leiden Sie momentan unter einer akuten Infektion (Fieber, Grippe)? ❑ Ja ❑ Nein
16. Hatten Sie in den letzten zwei Wochen eine fieberhafte Erkrankung? ❑ Ja ❑ Nein
17. Haben Sie größere Verletzungen oder Operationen am Bewegungsapparat durchgemacht und sind zurzeit noch nicht beschwerdefrei? ❑ Ja ❑ Nein

Es gibt viele gute Gründe, einen Marathonlauf mitmachen und durchhalten zu wollen. Aber sind sie auch überzeugend für Sie selbst? Eine vollmundig abgeschlossene Wette unter Sportsfreunden wird nicht ausreichen, um Sie über die Runden bringen.

Stimmt Ihre Motivation?

Würden Sie gerne einmal an einem Marathon teilnehmen oder werden Sie am Tag X nach einer konzentrierten 12-wöchigen Vorbereitung beim Marathon Y das Ziel erreichen?
Diese Frage verdeutlicht den Unterschied zwischen Motivation und Motivation. Die einen wünschen sich etwas, die anderen haben ein konkretes Ziel und einen konkreten Plan, wie Sie dieses Ziel in die Tat umsetzen. Folgende Fragen prüfen, ob Sie die mentalen Voraussetzungen haben einen Marathon und die entsprechende Vorbereitung durchzuhalten.

1. Sind Sie bereit, dem Laufen für 12 Wochen einen höheren Stellenwert einzuräumen und andere Dinge hinten an zu stellen? ❑ Ja ❑ Nein
2. Haben Sie ein Ziel vor Augen, das Sie unbedingt erreichen wollen? ❑ Ja ❑ Nein
3. Ist dieses Ziel realistisch und konkret? ❑ Ja ❑ Nein
4. Wissen Sie genau, wie Sie dieses Ziel erreichen werden? ❑ Ja ❑ Nein
5. Sehen Sie sich in Ihrer Vorstellung bereits jetzt einen Marathon laufen und das Ziel erreichen? ❑ Ja ❑ Nein

6. Sind Sie in der Lage, sich zu aktivieren, wenn Sie müde und schlapp sind? ❑ Ja ❑ Nein
7. Sind Sie in der Lage sich zu entspannen, wenn Sie aufgeregt sind? ❑ Ja ❑ Nein
8. Können Sie positive Selbstgespräche auch in schwierigen Situationen (z. B. Erschöpfung) führen? ❑ Ja ❑ Nein

Je öfter Sie mit »Ja« geantwortet haben, desto sicherer werden Sie das Marathonziel erreichen. Bei einem oder mehreren »Nein(s)« sollten Sie nicht verzweifeln. Motivation und mentale Einstellungen sind trainierbar. Es ist jedoch ein großer Vorteil, wenn Sie möglichst viele der abgefragten Faktoren bereits mitbringen.

Passt das Training in Ihren Alltag?

Was nützt die beste Motivation, wenn das Umfeld Ihr Vorhaben bremst? Vor allem Familie und Beruf müssen in Ihre Marathon-Pläne eingebunden werden. Wenn Sie in der Woche 60 Stunden arbeiten, werden Sie kaum Zeit für das Laufen finden. Klären Sie also bereits im Vorfeld Ihre familiären und beruflichen Voraussetzungen.

So ganz nebenbei lässt sich die Marathonvorbereitung nicht abhaken. Deshalb ist es wichtig, sein Vorhaben mit dem Partner, der Familie und der Arbeitssituation abzustimmen – verärgerte Mitmenschen und abgehetztes Training lassen sonst die Motivation bald schwinden.

1. Haben Sie Ihren Partner/Ihre Familie über Ihr Marathonvorhaben aufgeklärt? ❑ Ja ❑ Nein
2. Steht Ihr Partner/Ihre Familie hinter Ihren Plänen und unterstützt Sie? ❑ Ja ❑ Nein
3. Haben Sie neben Ihrer Marathonvorbereitung immer noch Zeit für den Partner/die Familie? ❑ Ja ❑ Nein
4. Haben Sie neben Ihren beruflichen Verpflichtungen durchschnittlich drei bis vier Stunden pro Woche Zeit zu Laufen? ❑ Ja ❑ Nein
5. Können Sie das Marathontraining absolvieren, ohne Ihre berufliche Karriere aufs Spiel zu setzen? ❑ Ja ❑ Nein

Je öfter Sie mit »Ja« geantwortet haben, desto weniger Stress werden Sie in der Vorbereitung auf den Marathon haben.
Wenn Sie alle Fragen mit »Nein« beantwortet haben, sollten Sie sich ernsthaft überlegen, ob Sie Ihr Vorhaben wirklich

Wer beruflich im Dauerstress steckt, sollte sich nicht zusätzlich ein anstrengendes Training aufbürden.

durchsetzen wollen. Vielleicht ist es sinnvoller, erst die familiären und beruflichen Voraussetzungen dafür zu schaffen.

Stimmt Ihr Körpergewicht?

Das Körpergewicht spielt für Ihr Vorhaben eine nicht unerhebliche Rolle: Sie müssen es über 42 195 Meter mittragen! Überprüfen Sie also zu Beginn des 12-Wochenplans, ob Sie Übergewicht haben.

Das geht sehr einfach. Sie brauchen dazu Ihre Körpergröße und Ihr Körpergewicht. Daraus können Sie mit folgender Formel Ihren BMI-Index berechnen:

$$\text{BMI} = \frac{\text{Körpergewicht (kg)}}{\text{Körpergröße (m)}^2}$$

Ein Beispiel für die Berechnung:

$$\text{BMI} = \frac{80\ \text{kg}}{[1{,}85\ \text{m} \times 1{,}85\ \text{m}]} = 23{,}3$$

Die Bewertung

- Über 30: Sie haben deutliches Übergewicht. Aus medizinischer Sicht sollten Sie dringend abnehmen. Dazu ist Ausdauersport eine sinnvolle Möglichkeit. Von unserem 12-Wochen-Marathon-Training sollten Sie jedoch die Finger lassen. Sie würden in kürzester Zeit orthopädische Probleme bekommen.

- Zwischen 26 und 30: Sie haben leichtes Übergewicht. Grundsätzlich können Sie den 12-Wochenplan absolvieren. Sie werden dabei wahrscheinlich auch ein paar Kilogramm abnehmen. Sind Sie sich jedoch bewusst, dass Sie ein erhöhtes Risiko haben Probleme am Bewegungsapparat zu bekommen.
- Zwischen 18 und 25: Sie haben Normalgewicht. Keine Einschränkungen. Los geht's.
- Unter 18: Aus medizinischer Sicht haben Sie Untergewicht. Obwohl auch viele Leistungssportler einen sehr niedrigen BMI haben, ist ein Wert unter 18 für Sie keinesfalls leistungsfördernd. Liegt Ihr Wert deutlich unter 18, sollten Sie medizinischen Rat einholen.

Wie leistungsfähig sind Sie?

Die körperliche Leistungsfähigkeit ist bei weitem nicht die wichtigste Voraussetzung, um einen Marathon zu bestehen. Nichts desto trotz ist ein gewisses Maß an Ausdauer natürlich Voraussetzung.

Diese lässt sich sehr leicht feststellen: Wenn Sie jetzt in der Lage sind fünf Kilometer am Stück zu laufen, sind Sie in 12 Wochen in der Lage, einen Marathon zu absolvieren. Probieren Sie es doch einfach aus:

- Suchen Sie sich eine genau vermessene Fünf-Kilometer-Strecke.
- Wärmen Sie sich etwa 10 bis 15 Minuten vorher auf und los geht es.
- Versuchen Sie jetzt die Strecke so schnell wie möglich zu absolvieren. Aber Vorsicht! Laufen Sie nicht zu schnell los, sonst brechen Sie am Ende ein!
- Messen Sie genau die Zeit und vergleichen Sie diese mit der Tabelle unten.

Wenn Sie erhebliches Übergewicht haben, ist ein Marathontraining nicht für Sie geeignet. Natürlich sollten Sie deshalb nicht gleich alle sportlichen Pläne über Bord werfen: Wählen Sie gelenkschonende Sportarten wie z. B. Schwimmen oder Rad fahren, um in Form zu kommen

5 km-Zeit	Marathonzeit	5 km-Zeit	Marathonzeit
42 min.	6 h 52 min.	30 min.	4 h 54 min.
40 min.	6 h 32 min.	28 min.	4 h 34 min.
38 min.	6 h 12 min.	26 min.	4 h 15 min.
36 min.	5 h 53 min.	24 min.	3 h 55 min.
34 min.	5 h 33 min.	22 min.	3 h 36 min.
32 min.	5 h 14 min.	20 min.	3 h 16 min.

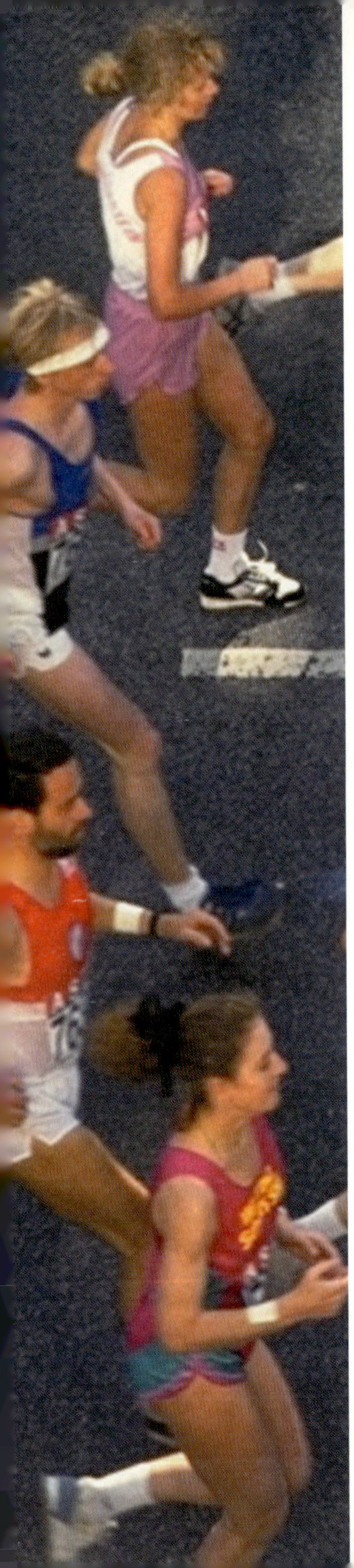

Bevor Sie starten – die wichtigsten Trainingsgrundlagen

Mit etwas Hintergrundwissen darüber, was eigentlich in Ihren Muskeln und Ihrem Stoffwechsel passiert, können Sie das Training zielgerichtet abstimmen.

Was unterscheidet einen Menschen, der in der Lage ist den Marathon unter zweieinhalb Stunden zu bewältigen, von einem Menschen, der nicht mal in der Lage ist zehn Minuten am Stück zu laufen? Das Training und das Talent werden Sie vielleicht sagen.
Das ist richtig! Aber was genau ist im Körper des trainierten Talents anders als beim Untrainierten? Erst wenn wir diese Frage beantwortet haben, werden Sie verstehen, warum auch Sie in der Lage sind einen Marathonlauf zu bestehen.

So funktioniert die Energiebereitstellung

Laufen verbraucht Energie! Diese Energie wird in den so genannten Mitochondrien, den Kraftwerken der Muskelzelle, erzeugt. Dazu werden zwei Dinge als Brennmaterial benötigt:
1. Sauerstoff
2. Kohlenhydrate oder Fette

Wenn Sie in der Lage sind, große Mengen dieser Stoffe in die Mitochondrien zu transportieren, können Sie lange und schnell laufen. Das ist der Unterschied zwischen einem trainierten Marathonläufer und einem Untrainierten. Durch ein regelmäßiges Ausdauertraining verbessert sich die Fähigkeit des Körpers, mit Hilfe von Sauerstoff Kohlenhydrate und Fette zu verbrennen. Je mehr Sauerstoff Ihr Körper im Blut transportieren kann, desto schneller können Sie laufen. Je besser die Fähigkeit Ihres Körpers ist, Fett zu verbrennen, desto länger können Sie laufen.

Die erhöhte Sauerstoffzufuhr durch Ausdauertraining kommt Ihnen natürlich nicht nur bei einem Marathonlauf zugute: Jede Art körperlicher Anstrengung fällt Ihnen nach kurzer Zeit leichter und dieses erhöhte Wohlbefinden sieht man Ihnen auch an!

Mit und ohne Sauerstoff

Bleiben wir zunächst noch etwas beim Sauerstoff. Grundsätzlich besteht für die Muskelzelle die Möglichkeit mit Sauerstoff (aerob) oder ohne Sauerstoff (anaerob) Energie zu gewinnen. Bei der aeroben Energiegewinnung steht in den Mitochondrien genügend Sauerstoff für die Verbrennung zur Verfügung. Diese Art der Energiegewinnung findet in erster Linie bei wenig intensiven Belastungen (z. B. Walking, langsamer Dauerlauf) statt. Besser Trainierte können auch bei intensiven Belastungen noch die aerobe Energiebereitstellung nutzen.

Anteil aerober und anaerober Energiebereitstellung bei maximaler Arbeit in Prozent

	10 sec.	1 min.	2 min.	4 min.	10 min.	30 min.	60 min.	120 min.
	%	%	%	%	%	%	%	%
Aerob	15	30	50	70	85	95	98	99
Anaerob	85	70	50	30	15	5	2	1

Anteil von Fetten und Kohlenhydraten an der Energiebereitstellung bei maximaler Arbeit in Prozent

	10 min.	30 min.	60 min.	90min.	120 min.	180 min.	240 min.	300 min.
	%	%	%	%	%	%	%	%
Fette	0	0	0	20	30	40	50	60
Kohlenh.	100	100	100	80	70	60	50	40

Die zweite Tabelle zeigt den ungefähren Anteil von Fetten und Kohlenhydraten bei Belastungen unterschiedlicher Dauer.

Anaerob wird's sehr anstrengend

Bei der anaeroben Energiebereitstellung steht den Mitochondrien nicht genügend Sauerstoff zur Verfügung. Die Belastung muss über kurz oder lang abgebrochen werden. Intensive körperliche Betätigungen (z.B. Sprint, Krafttraining) sind nur mit Hilfe der anaeroben Energiebereitstellung möglich. Für den Organismus sind beide Arten der Verbrennung wichtig und beide finden immer gleichzeitig statt, allerdings in unterschiedlichen Anteilen. Das ist abhängig von der Belastungsdauer. Die obere Tabelle zeigt den Anteil aerober und anaerober Energiebereitstellung bei maximaler Belastung. Sie sehen, dass ab einer Belastungsdauer von über zwei Stunden (Sie werden für Ihren Marathon wahrscheinlich etwas länger brauchen) ausschließlich die aerobe Energiebereitstellung von Bedeutung ist. Dieser Tatsache muss im Training Rechnung getragen werden. Es sollte mit wenig intensiven, aber langen Belastungen absolviert werden, um die aerobe Energiebereitstellung zu verbessern.

Intensive anaerobe Belastungen, die Sie an Ihre Leistungsgrenze bringen, sind in jedem Fall zu vermeiden. Sie verbessern nur die anaerobe Leistungsfähigkeit.

Die Fett- und Kohlenhydratverbrennung

Das aerobe Ausdauertraining ist die wichtigste Trainingsform für angehende Marathonläufer. Doch auch hier gibt es unterschiedliche Varianten. Ihr Körper kann auf aerobem Weg sowohl Kohlenhydrate als auch Fette verbrennen. Bei wenig intensiven Belastungen werden in erster Linie Fette verbrannt, bei intensiven Belastungen in erster Linie Kohlenhydrate. Der Trainierte ist auch bei höheren Belastungen noch in der Lage Fette zu verbrennen. Kohlenhydrate liefern in kurzer Zeit viel Energie, sind aber in ihrer Menge stark begrenzt. Ein gut trainierter Ausdauersportler hat in Muskulatur und Leber etwa 500 Gramm Kohlenhydrate gespeichert. Diese Menge reicht für eine intensive Belastung von 60 bis maximal 90 Minuten aus. Selbst bei Weltklasse-Marathonläufern reicht diese Menge nicht bis ins Ziel. Auch sie sind daher auf die Fette als zweiten Energielieferanten angewiesen. Davon haben wir alle genug, auch dünne Menschen. Nehmen wir einen 75 Kilogramm schweren Mann mit einem relativ geringen Fettanteil von zehn Prozent. Dies entspricht 7500 Gramm Fett oder 67 500 Kalorien. Mit dieser Energiemenge könnte er 15 bis 20 Marathons hintereinander laufen! Die Fähigkeit im Marathon Fette zu verbrennen ist ein entscheidender Faktor, um das Ziel zu erreichen. Es geht ganz besonders darum, dem Körper durch das Training beizubringen, auf die Fette als Energielieferant zurückzugreifen und die Kohlenhydrate zu schonen.

Im Gegensatz zum Trainierten fehlt dem Untrainierten die Fähigkeit Fettreserven zu mobilisieren. Das ist die wichtigste Aufgabe des Marathontrainings.

Das Gehirn braucht laufend Nachschub

Eine Energiebereitstellung, die zu 100 Prozent aus Fetten und 0 Prozent aus Kohlenhydraten besteht, gibt es nicht. Obwohl im Training auch höhere Prozentsätze (z. B. 80 Prozent Fette, 20 Prozent Kohlenhydrate) als in der obigen Tabelle erreicht werden können, muss ein Mindestmaß an Kohlenhydratverbrennung immer stattfinden. Der Grund dafür ist, dass das Gehirn

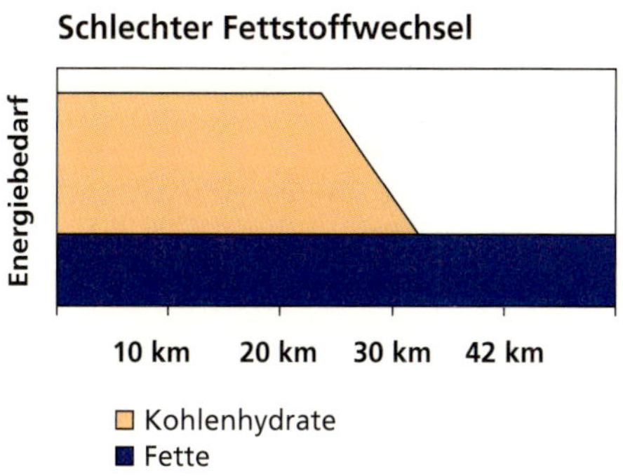

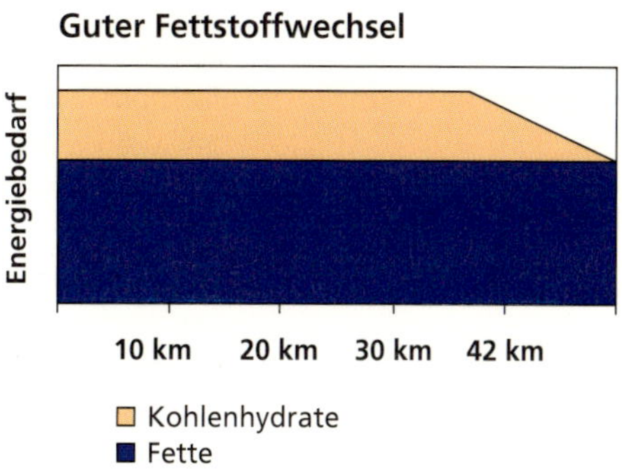

ausschließlich Kohlenhydrate verwerten kann und der Körper deswegen bestrebt ist, den Blutzuckerspiegel auf Normalniveau zu halten. Wenn keine Kohlenhydrate zur Verbrennung mehr da sind, wird es Ihnen schwindelig, Sie fühlen sich völlig kraftlos und entwickeln einen Heißhunger. Fette verbrennen also immer nur gleichzeitig mit Kohlenhydraten.

Belastungssteuerung mittels Herzfrequenz

Obwohl früher auch Weltklassezeiten ohne Pulsuhren gelaufen wurden und Sie sich von den kleinen Dingern nicht abhängig machen sollten (bei manchen Ausdauersportlern scheint die Gefahr zu bestehen), bieten sie unbestreitbare Vorteile: Clever eingesetzt, erhöhen Sie die Effektivität des Trainings. Sie bremsen, wenn nötig oder treiben an, wenn es sinnvoll ist.

Vielleicht fragen Sie sich jetzt: Woher weiß ich denn, ob ich gerade aerob oder anaerob trainiere, ob ich gerade Fette oder Kohlenhydrate verbrenne? Ganz einfach: Ihre Herzfrequenz sagt es Ihnen! Sie verhält sich linear zur Laufgeschwindigkeit, d. h. je schneller Sie laufen, desto höher die Herzfrequenz.

Was der Puls Ihnen verrät

Es gelten außerdem folgende Zusammenhänge:

- Je höher die Herzfrequenz, desto höher ist der anaerobe Anteil der Energiebereitstellung.
- Je höher die Herzfrequenz, desto höher ist der Anteil der Kohlenhydratverbrennung an der Energiebereitstellung.
- Je geringer die Herzfrequenz, desto höher ist der Anteil der Fettverbrennung an der Energiebereitstellung.

Die Herzfrequenz dient also dazu, unterschiedliche Stoffwechselsituationen zu trainieren. Die Erfahrung zeigt, dass die meisten Ausdauersportler bei 60 bis 65 Prozent ihrer maximalen Herzfrequenz am optimalsten ihre Fettverbrennung trainieren. Im folgenden Kapitel ab Seite 22 finden Sie insgesamt acht verschiedene Trainingsbereiche, die je nach Herzfrequenz unterschiedliche Aufgaben haben.

Besser messen als schätzen

In jedem Fall ist die Kontrolle der Herzfrequenz während des Trainings wichtig. Als Alternative bleibt nur das subjektive Empfinden. Gerade Anfänger liegen jedoch oft völlig daneben, wenn sie das subjektive Belastungsempfinden und die tatsächliche Belastung beurteilen sollen. Hier ist der Einsatz eines elektronischen Herzfrequenzmessers in jedem Fall zu empfehlen.

Vielleicht sind Ihnen auch schon diese Läufer begegnet, die scheinbar alle zwei Minuten nach der Uhr schauen. In Wirklichkeit interessiert sie nicht die Uhrzeit, sondern ihre Herzfrequenz, die unterhalb der Uhrzeit erscheint. Diese Sportler haben um die Brust einen Sender, der die Herzfrequenz an die Uhr schickt.

Berechnung der Trainingsbereiche

Mit Hilfe der so genannten Karvonen-Methode lassen sich relativ einfach unterschiedliche Trainingsbereiche festlegen, die dann auch unterschiedliche Stoffwechselsituationen (z. B. die Fettverbrennung) trainieren.
Hier ist der Weg zur Berechnung der Herzfrequenzen für einen Trainingsbereich beschrieben. Die genaue Beschreibung der einzelnen Trainingsbereiche finden Sie dann im folgenden Kapitel ab Seite 22.

Wer es nicht gewohnt ist, seinen Puls zu zählen, stellt oft einen jähen Anstieg der Frequenz fest, kaum dass er den Finger ans Handgelenk legt. Diese nervöse Reaktion legt sich aber bald, wenn man diese Körperfunktion häufiger kontrolliert.

Ruhepuls und maximale Herzfrequenz

Um Ihre individuellen Herzfrequenzen für Ihre Trainingsbereiche zu bestimmen, brauchen Sie zwei Werte: Ihren Ruhepuls und Ihre maximale Herzfrequenz.

- Die Feststellung des Ruhepuls (RP): Unter Ruhepuls verstehen wir hier diejenige Herzfrequenz, die Sie morgens noch vor dem Aufstehen haben. Bleiben Sie also im Bett liegen und zählen Sie eine Minute lang Ihre Herzschläge. Der Wert, den Sie jetzt erhalten, ist Ihr Ruhepuls.
- Die Feststellung der maximalen Herzfrequenz (MHF): Es gibt zwei Möglichkeiten Ihre maximale Herzfrequenz zu bestimmen: eine theoretische und eine praktische. Bei der theoretischen Methode gilt folgende Formel:

220 – Lebensalter = maximale Herzfrequenz

Tipp: Sobald Sie mit der systematischen Marathon-Vorbereitung beginnen, sollten Sie Ihre Trainingseinheiten, Ihre Herzfrequenz und Ihr Gewicht exakt dokumentieren. Setzen Sie dafür die beiliegende CD-ROM ein oder kopieren Sie den Trainingsplaner auf Seite 74.

Gut zu wissen

Grau ist alle Theorie

Die oben beschriebene Berechnungsmethode für die maximale Herzfrequenz ist zwar einfach, aber für etwa 20 Prozent aller Menschen sehr ungenau. Diese Personen liegen in Wirklichkeit deutlich über oder unter dem theoretischen Wert. Der praktischen Bestimmung der maximalen Herzfrequenz ist daher in jedem Fall der Vorzug zu geben.

Test zur Bestimmung der maximalen Herzfrequenz

Grundvoraussetzung ist, dass Sie gesund sind. Sollten Sie daran Zweifel haben, beantworten Sie nochmals die Fragen vom Anfang des Buches, oder absolvieren Sie den Test bei einem Arzt.

- Wärmen Sie sich vor dem Test mindestens 15 bis 20 Minuten gründlich auf.
- Für den Test versuchen Sie eine Strecke, die Sie in etwa vier Minuten bewältigen können, so schnell wie möglich zurückzulegen.
- Beenden Sie den Test mit einem Spurt.
- Die Herzfrequenz, die Sie am Ende dieses Tests messen, ist Ihre maximale Herzfrequenz.
- Messen Sie diese sofort nach Ende des Tests an der Halsschlagader zehn Sekunden lang. Multiplizieren Sie diesen Wert mit sechs und Sie erhalten Ihre maximale Herzfrequenz.
- Genauer wird der Wert mit Hilfe einer elektronischen Pulsuhr.

Eine Pulsuhr ist die schnellste Möglichkeit zur Ermittlung der Herzfrequenz.

So finden Sie Ihre Trainings-Herzfrequenz

Sie haben nun die Werte, die Sie für die Bestimmung Ihrer Trainingsbereiche brauchen. In Trainingsbereich 1 sollten Sie zum Beispiel mit 60 bis 65 Prozent Ihrer maximalen Herzfrequenz trainieren. Um diesen Prozentsätzen nun die dazugehörigen Herzfrequenzen zuzuordnen gehen Sie folgendermaßen von:

1. Ziehen Sie von Ihrer maximalen Herzfre-

quenz (MHF) Ihren Ruhepuls (RP) ab. Sie erhalten Ihre so genannte korrigierte maximale Herzfrequenz (KHF).

MHF – RP = KHF

2. Multiplizieren Sie die korrigierte maximale Herzfrequenz mit dem jeweils angegebenen Prozentsatz des Trainingsbereichs, z. B. 65 Prozent (= mal 0,65). Sie erhalten einen Wert X.

KHF x 0,65 = X

3. Addieren Sie zu dem Wert X, den Sie in Schritt 2 erhalten haben, nun Ihren Ruhepuls wieder dazu. Sie erhalten Ihre Trainingsherzfrequenz (THF), d. h. diejenige Herzfrequenz, die dem Prozentsatz des Trainingsbereichs entspricht.

X + RP = THF

So funktioniert's

Ein Beispiel: Herr A. möchte an unserem 12-Wochen-Plan teilnehmen und benötigt dazu den Trainingsbereich, mit dem er am effektivsten seinen Fettstoffwechsel trainieren kann (60 bis 65 Prozent).

- Er hat morgens vor dem Aufstehen seinen Ruhepuls gemessen, der bei 63 Schlägen pro Minute liegt.
- Im oben beschriebenen Test hat er seine maximale Herzfrequenz bestimmt. Sie liegt bei 182.
- Nun benötigt er seine Herzfrequenzen für den Trainingsbereich. Er stellt die Berechung an (siehe Tabelle unten).
- Das Ergebnis: Herr A. sollte also mit einer Herzfrequenz von 134 bis 140 seinen Fettstoffwechsel trainieren.

Diese Berechnungen mögen Ihnen reichlich umständlich erscheinen, aber die kleine Mühe lohnt sich: Ein genau auf Ihre maximale Herzfrequenz abgestimmtes Training bringt Sie schneller zum Ziel, als wenn Sie einfach loslaufen, bis Sie nicht mehr können.

Für jeden der im folgenden beschriebenen Trainingsbereiche können Sie sich jetzt Ihre persönlichen Herzfrequenzen ausrechnen.

Formel		Beispiel
MHF – RP = KHF		182 – 63 = 119
Untere Grenze:	KHF x 60 % = X	119 x 0,6 = 71
Obere Grenze:	KHF x 65 % = Y	119 x 0,65 = 77
Untere Grenze:	X + RP = untere THF	71 + 63 = **134**
Obere Grenze:	Y + RP = obere THF	77 + 63 = **140**

Noch genauer – Laktatdiagnostik

Die meisten werden mit der Karvonen-Methode gut zurecht kommen. In Einzelfällen kann sie jedoch zu ungenau sein, weil über die Herzfrequenz indirekt auf die Stoffwechselsituation geschlossen wird. Genauer ist ein Verfahren, bei dem die Stoffwechselsituation direkt gemessen wird. Erst daraus ergeben sich dann die Trainingsbereiche mit den dazugehörigen Herzfrequenzen. Dieses Verfahren wird als Laktatdiagnostik bezeichnet.

Was ist Laktat?

Milchsäure (Laktat) entsteht in größerer Menge, wenn die Muskeln nicht mehr genügend Sauerstoff zur Deckung des Energiebedarfs erhalten.

Wenn bei der Energiegewinnung in den Mitochondrien Kohlenhydrate verbrannt werden, entsteht dabei ein Abfallprodukt: die Milchsäure. Das Salz dieser Milchsäure wird Laktat genannt. Je mehr Kohlenhydrate verbrannt werden, desto mehr Laktat wird gebildet. Die Konzentration lässt sich dann aus einem Blutstropfen bestimmen.
Die Laktatbestimmung lässt somit Rückschlüsse auf die Höhe der Kohlenhydratverbrennung und indirekt auch auf die Höhe der Fettverbrennung zu. Die Grafik unten zeigt die zu unterschiedlichen Laufgeschwindigkeiten gemessenen Laktatwerte in mmol/l (Millimol pro Liter) für einen untrainierten und einen trainierten Läufer.

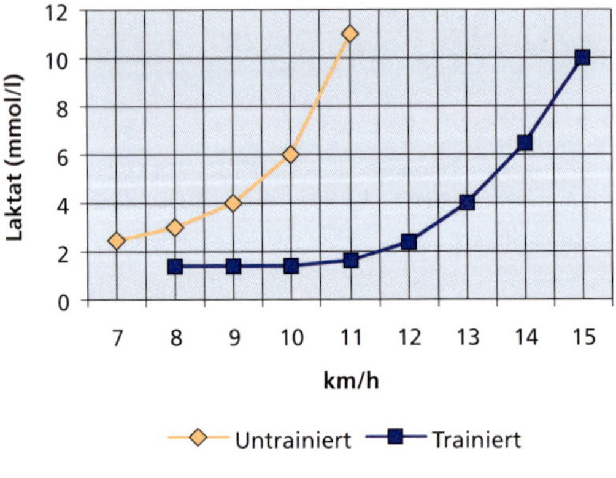

Der trainierte Läufer verbrennt bei höheren Geschwindigkeiten weniger Kohlenhydrate als der untrainierte. Er ist in der Lage einen höheren Anteil der benötigten Energie aus Fetten zu gewinnen.

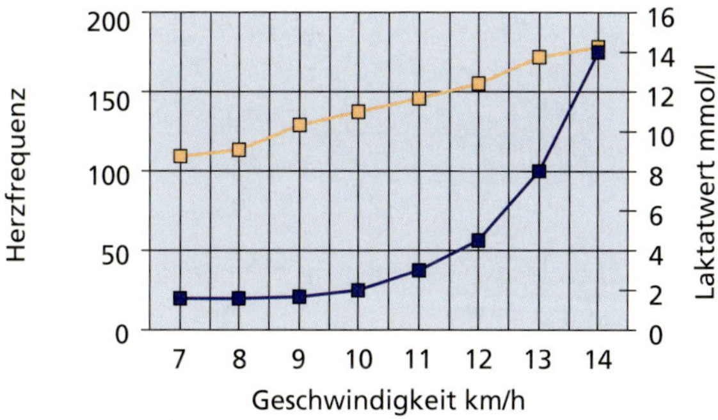

HF	109	114	129	137	146	155	172	178
Laktat	1,6	1,6	1,7	2	3	4,5	8	14

HF — Laktat

Die Grafik zeigt beispielhaft den Laktattest eines trainierten Läufers. Dieses Testverfahren wird in der Regel in einem leistungsdiagnostischen Labor durchgeführt. Es ist dadurch relativ aufwändig und auch mit Kosten verbunden. Andererseits ist es das genaueste Testverfahren und war früher dem Hochleistungssport vorbehalten. Heute gibt es in fast jeder Stadt einen Anbieter. Erkundigen Sie sich bei Ärzten, Fitnessstudios, Sportvereinen oder Sportgeschäften.

Laktattest zur Bestimmung der anaeroben Schwelle

Der Laktattest ist ein Belastungstest, der in der Regel auf einem Laufband durchgeführt wird. Sie laufen jeweils drei bis fünf Minuten mit einer definierten Geschwindigkeit. Danach wird die Geschwindigkeit erhöht. Eine Ausbelastung ist möglich, aber nicht notwendig. Am Ende jeder Belastungsstufe wird in der Regel aus dem Ohrläppchen Blut entnommen. Herzfrequenz und Laufgeschwindigkeit werden festgehalten und in ein Diagramm eingetragen. Aus diesem Test lassen sich nun die so genannte anaerobe und aerobe Schwelle bestimmen.

Der Begriff aerobe Schwelle besagt, dass es bei der Laktatproduktion einen Bereich gibt, bei dem genauso viel Laktat anfällt, wie der Körper gerade noch abtransportieren kann. Es entsteht ein Gleichgewicht zwischen Laktatproduktion und Laktatabtransport. Bei den meisten Ausdauersportlern liegt die anaerobe Schwelle zwischen 3 und 5 mmol/l. Nur sehr gut trainierte Läufer können mit der Geschwindigkeit, die der anaeroben Schwelle entspricht, ihren Marathon absolvieren. Der Begriff aerobe Schwelle besagt, dass es einen Bereich gibt, wo der Laktatwert kaum ansteigt. In der Grafik sieht man, dass erst ab 10 km/h die Laktatkurve zu steigen beginnt. Bis zur aeroben Schwelle wird hauptsächlich Fett als Energielieferant genutzt. Erst darüber nimmt die Kohlenhydratverbrennung zu.

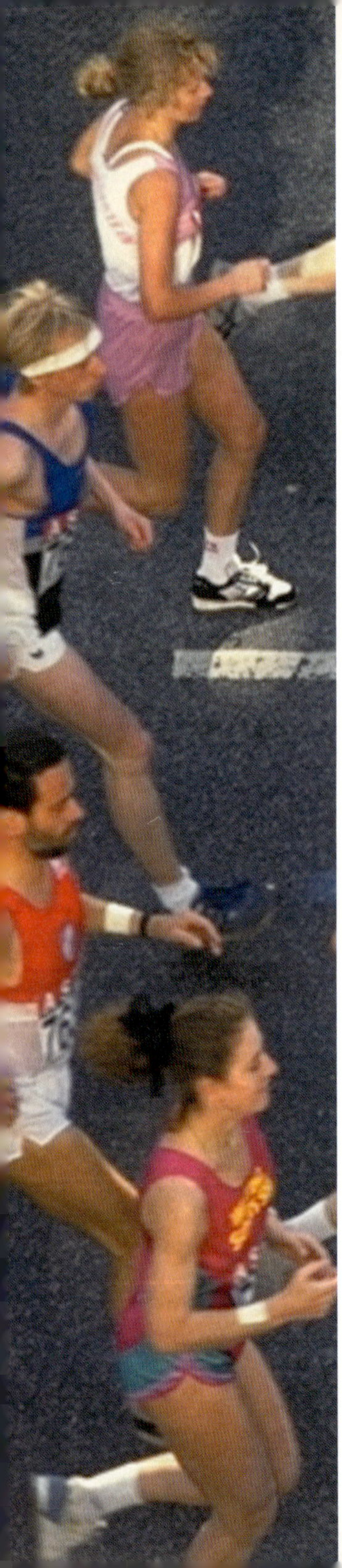

Unterschiedliche Trainingsbereiche

sorgen für Abwechslung

Durch Variation von Intensität und Dauer des Laufpensums können Sie die verschiedenen Aspekte sportlicher Leistungsfähigkeit gezielt verbessern.

Einer der größten Trainingsfehler ist es, immer gleich zu trainieren, d. h. mit gleichem Tempo, gleicher Zeit, gleicher Herzfrequenz. Sie kennen das vielleicht von Ihrer Hausrunde.
Damit ist jetzt Schluss. Setzten Sie neue Trainingsreize. Die hier vorgestellten Trainingsbereiche werden Ihnen eine völlig neue Dimension des Laufens erschließen. Sie werden dabei erfahren, dass Laufen gar nicht so monoton sein muss, wie viele das behaupten.

Das Ziel bestimmt den Weg

Grundsätzlich hat jeder Trainingsbereich eine Funktion, die Sie während des Marathons brauchen werden. Das Ziel, welches jeder Trainingsbereich verfolgt, steht im Vordergrund. Dazu wird jedem Bereich eine Intensität, in der Regel die Herzfrequenz, und eine bestimmte Trainingsdauer zugeordnet. Beide garantieren, dass der Trainingsbereich den gewünschten Effekt hat.
Als Grundregel gilt:

- Je länger die Trainingsdauer, desto geringer die Intensität.
- Je kürzer die Trainingsdauer, desto höher die Intensität.

Wir unterscheiden dabei zwischen Anfängern und Fortgeschrittenen:

- Anfänger sind Sie, wenn Sie bisher kaum oder unregelmäßig gelaufen sind.
- Sie können sich als Fortgeschrittener bezeichnen, wenn Sie über eine längere Zeit regelmäßig zwei- bis dreimal pro Woche gelaufen sind.

Immer dieselbe Strecke in gleichbleibendem Tempo abzutraben ist nicht nur langweilig, sondern auch wenig effektiv als Vorbereitung für einen Marathon. Die unterschiedlichen Trainingsvarianten machen Sie fit für die verschiedenen Anforderungen während des Wettkampfs.

Expertentipp

Pulsmesser: eine lohnende Anschaffung
Für die Kontrolle der Herzfrequenz ist ein elektronisches Pulsmessgerät notwendig. Falls Sie noch keines besitzen, ist jetzt der richtige Zeitpunkt, sich eines anzuschaffen. Sie werden es nicht bereuen.
Achten Sie darauf, dass das Gerät als Mindestfunktion eine programmierbare Herzfrequenzober- und -untergrenze sowie eine Stoppuhr hat. Damit können Sie die wichtigsten Trainingsparameter kontrollieren.

Trainingsbereich 1 – Fettstoffwechseltraining

Ohne einen funktionierenden Fettstoffwechsel haben Sie keine Chance das Marathonziel zu erreichen. Das Training des Fettstoffwechsels ist somit für alle Marathonläufer die wichtigste Trainingseinheit. Ziel ist es, den prozentualen Anteil der Fettverbrennung während der Belastung zu erhöhen. Das Motto heißt daher: lang und langsam.

Beherrschen Sie sich, falls Sie am liebsten so richtig lossprinten möchten – bald werden Sie merken, dass auch das äußerst gemäßigte Tempo beim Fettstoffwechseltraining auf die Dauer ganz schön anstrengend wird.

Langsam – aber nicht lahm

Anfangs kommt Ihnen das Tempo wahrscheinlich lächerlich vor. Sie wollen schneller laufen. Aber Achtung: Behalten Sie die Kontrolle über Ihre Herzfrequenz, vor allem am Anfang. Aufgrund der Länge der Belastung verbraucht dieses Training sehr viel Energie. Je nach Körpergewicht in jedem Fall mindestens 1000 Kalorien. Das Training wird dadurch sehr erschöpfend. Sie sollten in jedem Fall die in Ihrem Trainingsplan vorgegebene Zeit erreichen. Ihre Atmung ist kaum beschleunigt, Sie können sich problemlos unterhalten. Auch Ihren Herzschlag spüren Sie in dieser Phase kaum.

Die Trainingseffekte

- Mobilisierung der freien Fettsäuren
- Vermehrung feinster Blutgefässe (Kapillaren)
- Vermehrung der Mitochondrien
- Verbesserung der aeroben Energiebereitstellung

Tipp: In diesem Trainingsbereich können Sie das Laufen auch durch Sportarten wie z. B. Walking, Rad fahren oder Inline-Skating ersetzen.

Das Fettstoffwechseltraining

Intensität:
- 60–65 % der maximalen Herzfrequenz
- Laktat: <1,5 mmol/l

Dauer:
- Anfänger: 60–120 Minuten
- Fortgeschrittene: 90–150 Minuten

Trainingsbereich 2 – Progressives Fettstoffwechseltraining

Das progressive Fettstoffwechseltraining macht sich die Tatsache zunutze, dass nach einer gewissen Trainingsdauer der Fettstoffwechsel aktiv ist und die Kohlenhydratspeicher sich langsam entleeren. Wenn Sie jetzt das Tempo etwas erhöhen, bleiben Sie trotzdem immer noch im Fettstoffwechsel. Der Trainingseffekt ist aber höher.

Das Tempo wechselt ab

Wir nennen diese Art des Trainings auch 3 / 2 / 1-Training. Teilen Sie die vorgegebene Trainingszeit (z. B. 90 min.) in sechs Teile (jeweils 15 min.).

Drei Teile (= 45 min.) laufen Sie mit 65 Prozent minus 5 Schläge (z. B. 138 – 5 = 133). Zwei Teile Laufen Sie mit 65 Prozent (30 min. mit 138), einen Teil mit 65 Prozent plus 5 Schläge (15 min. mit 143). Halten Sie Ihre Herzfrequenz unter den berechneten Obergrenzen. Wie in Trainingsbereich 1 spüren Sie Atmung und Herzschlag anfangs kaum. Gegen Ende beschleunigt sich die Atmung.

Das Risiko bei diesem Trainingsbereich: Sie erhöhen bei zunehmender Ermüdung das Tempo. Dies birgt dann die Gefahr von orthopädischen Problemen (z. B. Knie).

Die Trainingseffekte

Sie erzielen die gleichen Effekte wie im Trainingsbereich 1, allerdings auch noch im etwas intensiveren Bereich. Dieser Trainingsbereich simuliert die Belastung, die im Marathon auf Sie zukommen wird: Gegen Ende wird es spürbar immer anstrengender!

Das Progressive Fettstoffwechseltraining

Intensität:

– 3 Teile = 3/6 der Trainingszeit:	65 % der MHF – 5 Schläge
– 2 Teile = 2/6 der Trainingszeit:	65 % der MHF
– 1 Teil = 1/6 der Trainingszeit:	65 % der MHF + 5 Schläge
– Laktat:	1,5 – 2 mmol/l

Dauer:

- Anfänger: 60 – 90 Minuten
- Fortgeschrittene: 90 – 120 Minuten

Trainingsbereich 3 – Lockerer Dauerlauf

Eine Leistungssteigerung kommt zustande durch stetige Anpassung des Körpers an wechselnde und steigende Trainingsreize. Wer immer im selben Trab loslegt, stagniert irgendwann anstatt sich zu verbessern.

Das ist der Trainingsbereich, in dem die meisten Läufer tagaus, tagein trainieren. Man fühlt sich wohl, hat aber dennoch das Gefühl einer gewissen Geschwindigkeit. Für Anfänger bringt dieses Training in jedem Fall Vorteile. Die Fähigkeit Sauerstoff aufzunehmen verbessert sich. Der Fettstoffwechsel, aber auch der Kohlenhydratstoffwechsel wird trainiert. Es kann sein, dass Sie als Anfänger mit dieser Intensität Ihren Marathon laufen können.

Nur für begrenzte Zeit tauglich

Fortgeschrittene, die schon längere Zeit trainieren und sich wundern, warum sie nicht besser werden, finden hier die Antwort: Ständiges Training in diesem Trainingsbereich hemmt die Leistungsentwicklung. Der Trainingsreiz ist zu monoton. Fortgeschrittene sollten diesem Bereich also nicht zuviel Zeit widmen. Wichtige Anpassungen aus Trainingsbereich 1 treten hier weniger auf (Kapillarisierung, Mitochondrienvermehrung). Beim lockeren Dauerlauf ist Ihre Atmung leicht beschleunigt, Sie können sich aber immer noch problemlos unterhalten. Den Herzschlag spüren Sie kaum.

Die Trainingseffekte

- Verbesserung der aeroben Energiebereitstellung
- Verbesserung des Fett- und Kohlenhydratstoffwechsels

Risiko: Fortgeschrittene, die zu oft oder ausschließlich in diesem Bereich trainieren, hemmen Ihre Leistungsentwicklung.

Lockerer Dauerlauf

Intensität:
- 65–75 % der MHF
- Laktat: 2–2,5 mmol/l

Dauer:
- Anfänger: 50–70 Minuten
- Fortgeschrittene: 60–90 Minuten

Trainingsbereich 4 – Progressiver Dauerlauf

Dieser Trainingsbereich spricht unterschiedliche Intensitäten an. Das erste Drittel der gesamten Trainingszeit verbringen Sie im Fettstoffwechsel. Das zweite im lockeren Dauerlauf und im letzten Drittel steigern Sie sich fast auf das Marathontempo für Fortgeschrittene.

Trainieren Sie in diesem Trainingsbereich nicht, wenn Sie bereits vor dem Lauf müde sind; das gilt insbesondere bei bereits ermüdeter Muskulatur.

Die Ermüdung überwinden

Sinn dieses Trainingsbereichs ist es, auch bei zunehmender Ermüdung ein höheres Tempo halten zu können. Das ist eine wichtige Fähigkeit, die Sie später im Marathon brauchen werden. Die Intensitäten berechnen sich so, wie Sie es aus Trainingsbereich 2 schon kennen. Die Unterschiede sind aber größer. Rechnen Sie sich zunächst den Wert für 70 % Ihrer maximalen Herzfrequenz aus (z. B. 145). Für das erste Drittel ziehen Sie 10 Schläge ab (= 135). Das zweite Drittel trainieren Sie mit 70 % (= 145). Im letzten Drittel addieren Sie zu den 70 % 10 Schläge dazu (= 155). Die jeweiligen Werte nehmen Sie als Obergrenze.

Der Trainingseffekt

Auf der Basis des Fettstoffwechsels wird zunehmend auch die Kohlenhydratverbrennung in Anspruch genommen.
Risiko: Temposteigerung bei zunehmender Ermüdung. Das birgt Gefahren für den Bewegungsapparat.

Progressiver Dauerlauf

Intensität:

- 1. Drittel der Trainingszeit: 70 % der MHF – 10 Schläge
- 2. Drittel der Trainingszeit: 70 % der MHF
- 3. Drittel der Trainingszeit: 70 % der MHF + 10 Schläge
- Laktat: 1,5 – 3 mmol/l

Dauer:

- Anfänger: 50 – 70 Minuten
- Fortgeschrittene: 60 – 90 Minuten

Trainingsbereich 5 – Extensiver Tempolauf

Der Name »Tempolauf« signalisiert schon, dass es hier ganz schön zur Sache geht und ziemlich schweißtreibend wird. Bei diesem Training bekommen Sie einen Vorgeschmack auf das Original-Marathon-Feeling.

In diesem Trainingsbereich halten sich Fett- und Kohlenhydratstoffwechsel in etwa die Waage. Die anfallende Milchsäure kann problemlos abtransportiert werden. Fortgeschrittene können mit dieser Intensität bei gutem Trainingszustand ihren Marathon absolvieren.

Annäherung an das Marathontempo

Im Training gewöhnen Sie sich mit diesem Trainingsbereich an das Marathontempo. Sie haben das Gefühl des intensiven Trainings, aber nicht einer unangenehmen Belastung. Die Atmung ist deutlich beschleunigt, die Möglichkeit der Unterhaltung reduziert. Insgesamt sollte nur ein geringer Prozentsatz des Trainings in diesem Bereich absolviert werden. In den letzten Wochen vor dem Marathon erhält dieser Trainingsbereich jedoch eine größere Bedeutung.

Die Trainingseffekte

- Verbesserung der aeroben Energiebereitstellung
- Verbesserung der Sauerstoffaufnahme
- Vergrößerung der Kohlenhydratspeicher

Risiko: Manche Läufer trainieren zu oft in diesem Bereich und hemmen durch das ständige intensive Training ihren langfristigen Leistungsfortschritt.

Tipp: Dieser Trainingsbereich eignet sich hervorragend, um während des Laufens die Nahrungs- und Flüssigkeitsaufnahme (sehr praktisch während des »echten« Marathons!) gezielt zu trainieren.

Extensiver Dauerlauf

Intensität:
- 75–80 % der MHF
- Laktat: ca. 3 mmol/l

Dauer:
- Anfänger: 40–60 Minuten
- Fortgeschrittene: 50–80 Minuten

Trainingsbereich 6 – Intensiver Tempolauf

Richtig eingesetzt ist der intensive Tempolauf eine der effektivsten Trainingsmethoden. Müssten wir aus den hier beschriebenen Trainingsbereichen die zwei wichtigsten nennen, so wären es das Fettstoffwechseltraining und der intensive Tempolauf.

Für Anfänger kommt dieses Training kaum infrage. Lediglich in den letzten beiden Wochen vor dem Marathon sind intensive Tempoläufe erlaubt.

Die anaerobe Schwelle höher setzen

Der Nutzen liegt vor allem darin, dass sich die anaerobe Schwelle nach oben verschiebt, d. h. auch bei schnellerem Tempo übersäuern Ihre Muskeln nicht. Man nennt diesen Trainingsbereich daher auch Schwellentraining. Jetzt ist es ein enormer Vorteil, wenn Sie Ihre individuelle anaerobe Schwelle kennen. Wenn nicht, sollten Sie sich neben der Herzfrequenz auch an subjektiven Parametern wie Atmung und Muskulatur (Gummibeine) orientieren.

Die Trainingseffekte

- Anheben der anaeroben Schwelle
- Vergrößerung der Kohlenhydratspeicher
- Verbesserung der aeroben Kohlenhydratverbrennung
- Verbesserung der Sauerstoffaufnahme

Risiko: Der intensive Tempolauf sollte nur auf der Basis der vorangegangenen Trainingsbereiche absolviert werden. Fehlt diese Basis (kein funktionierender Fettstoffwechsel) und wird nur in diesem Bereich trainiert, ist die Leistungsfähigkeit äußerst instabil.

Intensiver Tempolauf

Intensität:
- 80–85 % der MHF
- Laktat: 3–4 mmol/l

Dauer:
- Anfänger: 30–40 Minuten
- Fortgeschrittene: 30–60 Minuten

Trainingsbereich 7 – Intensives Intervalltraining

Auch Fortgeschrittene sollten diese Methode frühestens zwei bis vier Wochen vor dem Marathon einsetzen.

Mit diesem Trainingsbereich erreichen wir die Grenze des aeroben Ausdauertrainings. Die Intensität liegt jetzt so hoch, dass es sinnvoll ist, dieses Training in Intervallform zu absolvieren, d. h. nach einer Zeit der Belastung erfolgt eine kurze Pause zur Erholung.

Hier kommen Sie ins Schwitzen

Das intensive Intervalltraining wird direkt an der anaeroben Schwelle durchgeführt. Nach einem gründlichen Aufwärmen wählen Sie eine Belastungszeit von drei bis fünf Minuten und machen die Hälfte dieser Zeit eine aktive Pause, in der Sie gehen oder locker traben. Am Ende des Trainings ist ein lockeres Auslaufen wichtig, um die unter Umständen angefallene Milchsäure abzutransportieren. Für Anfänger kommt dieser Trainingsbereich nicht infrage.

Der Trainingseffekt

Wie Trainingsbereich 6, jedoch deutlichere Verbesserung der maximalen Sauerstoffaufnahme.
Risiko: Neben den Risiken, die bereits beim intensiven Tempolauf beschrieben wurden, kommt hier noch ein etwas höheres orthopädisches Risiko dazu. Das ist vor allem dann gegeben, wenn Sie zu Beginn des Trainings nicht vollständig erholt sind.

Intensives Intervalltraining

Intensität:
- 85–90 % der MHF
- Laktat: ca. 4 mmol/l

Dauer:
Fortgeschrittene:
- Intervallzeit: 3–5 Minuten
- Pausenzeit: 1,5–2,5 Minuten
- Durchgänge: 4–8
- Gesamte Trainingszeit: 30–60 Minuten

Trainingsbereich 8 – Regenerativer Lauf

Obwohl zur Erholung eigentlich nichts besser ist, als die Beine hochzulegen und nichts zu tun, ist es sinnvoll, eine aktive Erholung in den Trainingsplan zu integrieren.

Es ist eine Binsenweisheit, dass man sich nach einem anstrengenden Dauerlauf nicht einfach auf die nächste Sitzgelegenheit plumpsen lassen, sondern locker auslaufen sollte. Das kommt der Regeneration zugute, die ein ganz wichtiger Bestandteil des Ausdauertrainings ist.

Entspannen ohne schlappzumachen

Aktive Erholung besagt, dass ein kurzer, wenig intensiver Lauf die Erholungsfähigkeit Ihres Körpers positiv beeinflusst. Sie werden im Folgenden sehen, dass in die Trainingspläne so genannte Regenerationswochen eingefügt sind. Wenn Sie sich in dieser Zeit komplett auf die faule Haut legen würden, hätten Sie später Mühe Ihren Rhythmus wieder zu finden.
Die Intensität des regenerativen Laufes liegt im Bereich des Fettstoffwechseltrainings, die Dauer ist jedoch wesentlich kürzer. Weitere Maßnahmen zur Beschleunigung der Erholung finden Sie im Kapitel Regeneration ab Seite 32.

Der Trainingseffekt

Diese Trainingsform unterstützt die Erholungsvorgänge des Körpers.
Risiko: Verliert den positiven Effekt, wenn es zu lange oder zu intensiv durchgeführt wird. Kann dann sogar einen negativen Effekt haben.
Tipp: Wechseln Sie doch mal die Sportart. Schwimmen, Rad fahren oder Inline-Skating sind hervorragend zur Beschleunigung der Regeneration geeignet. Aber wählen Sie bitte nur Ausdauersportarten.

Regenerativer Lauf

Intensität:
- 60–65 % der MHF
- Laktat: 1–2 mmol/l

Dauer:
- Anfänger: 15–30 Minuten
- Fortgeschrittene: 20–40 Minuten

Regeneration – so sammeln Sie neue Kräfte

Ob Sie es glauben oder nicht: Die Entscheidung, ob Sie in der Lage sind nach 12 Wochen einen Marathon zu absolvieren, fällt nicht während des Trainings, sondern in der Zeit danach!

Je schneller Sie sich nach dem Training erholen, desto früher können Sie wieder trainieren. Das ist der Unterschied zwischen Profiläufer und Anfänger. Der Hochleistungssportler kann sich so schnell erholen, dass er sogar pro Tag zwei Trainingseinheiten wegstecken kann. Der Anfänger braucht dazu viel länger. Bei beiden steckt aber das gleiche Prinzip dahinter.

Das Prinzip der Superkompensation

Sie sehen auf der Grafik unten, dass das Training eigentlich nur ein Reiz für Ihren Körper ist. Dieser Reiz bewirkt zunächst, dass die Leistungsfähigkeit abnimmt (1). Wenn das Training beendet ist, kommt erst der eigentliche Effekt des Trainings: Ihr Körper erholt sich von der vorausgegangenen Belastung (2) und legt sogar noch etwas zu (3). Diese erhöhte Leistungsbereitschaft wird auch Superkompensation genannt und ist das Ziel jeglichen Trainings. Halten Sie sich also vor Augen, dass Sie nicht während des Trainings besser werden, sondern in der Zeit danach. Wie Sie sich in dieser Zeit verhalten, hat enormen Einfluss auf die nächste Trainingseinheit.
Trinken Sie Alkohol, schlafen Sie wenig und ernähren Sie sich unzureichend, dann können Sie sicher sein, dass das nächste Training mit Sicherheit in die Hose geht. Sie fühlen sich müde, können Ihren Trainingsplan nicht einhalten und wissen vielleicht noch nicht einmal, warum.

Ohne ausgiebige Erholung stehen Ihnen Ihre Kräfte nicht dann zur Verfügung, wenn Sie sie wirklich brauchen. Schenken Sie also nicht nur Ihrem Training, sondern auch der Regeneration die nötige Aufmerksamkeit.

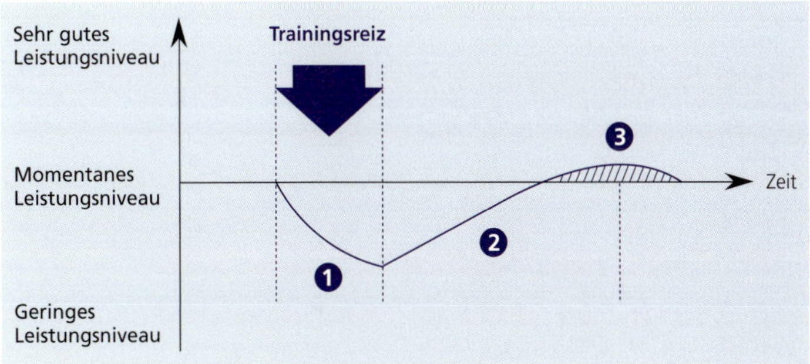

In der nebenstehenden Tabelle finden Sie Richtwerte für Regenerationszeiten unterschiedlicher Trainingsbelastungen. Diese Werte gelten für Anfänger. Je besser Sie trainiert sind, desto kürzer werden diese Zeiten.

	Aerobe Energiebereitstellung, 60–80% der MHF	Aerobe Energiebereitstellung, 80–90% der MHF	Anaerobe Energiebereitstellung, 90–100% der MHF
Schnelle Regeneration, sehr unvollständig	30–60 Minuten	1–2 Stunden	2–3 Stunden
90%ige Regeneration, unvollständig, aber gute Leistungsfähigkeit	Etwa 12 Stunden	12–24 Stunden	24–48 Stunden
Vollständige Regeneration mit erhöhter Leistungsfähigkeit	24–36 Stunden	24–48 Stunden	48–72 Stunden

Wenn Sie als Anfänger nach dem Motto: »Jetzt lauf ich einfach jeden Tag so lang und so schnell wie es geht«, trainieren, dann würden Sie in kürzester Zeit krank werden oder sich verletzen. Das Immunsystem und der Bewegungsapparat sind zu Beginn einfach noch nicht so leistungsfähig.

Beschleunigung der Regeneration

Bei unserem 12-Wochen-Plan kommt es einerseits darauf an effektiv zu trainieren, damit Sie für den Marathon die nötige Leistungsfähigkeit haben. Andererseits sind durch die mangelnde Regenerationsfähigkeit dem Trainingsumfang und der Trainingsintensität Grenzen gesetzt.
Es ist daher einleuchtend, dass der Beschleunigung der Regeneration besondere Bedeutung zukommt. Wir stellen Ihnen einfache, aber sehr effektive Maßnahmen vor, die Sie alle kennen, aber so bewusst wohl noch nie eingesetzt haben.

Schlafen wie ein Murmeltier

Als Läufer sollten sich viele Schlafprobleme von selbst lösen, denn: Läufer schlafen besser! Sie schlafen schneller ein, besser

durch und haben eine längere Tiefschlafdauer. Das ist eigentlich nicht verwunderlich, denn Schlafen ist die beste Regenerationsmaßnahme des Körpers. In der Nacht werden so genannte Wachstumshormone ausgeschüttet, die unter anderem für Zellwachstum und Fettabbau sorgen. Wenn Sie unseren 12-Wochen-Plan absolvieren, werden Sie mehr trainieren, als Sie es bisher gewohnt waren. Folglich sollten Sie sich auch etwas mehr Schlaf gönnen. Mindestens sieben Stunden sollten es sein, und zwar immer! Wer das Bedürfnis nach mehr hat, sollte diesem ohne schlechtes Gewissen nachgeben.
Wer bewusst oder unbewusst seine Schlafqualität verschlechtert, verhindert so die Ausschüttung dieser Hormone. Die Erholung wird behindert. Andererseits können Sie die Erholung beschleunigen, indem Sie für besseren Schlaf sorgen. Schlaffördernde Maßnahmen sind also immer auch erholungsfördernde Maßnahmen.

Fünf Tipps für besseren Schlaf

1. Schlafroutine: Gewöhnen Sie sich einen regelmäßigen Tagesrhythmus an. Gehen Sie immer zur gleichen Zeit ins Bett und stehen Sie jeden Tag zur gleichen Zeit auf. Sie eichen so Ihre biologische Uhr, was die Einschlaf- und Durchschlafqualität optimiert.
2. Problembewältigung: Sie kennen das – ein Problem beschäftigt Sie schon den ganzen Tag. Sie gehen zwar ins Bett, ans Einschlafen ist jedoch nicht zu denken. Gehen Sie nie ins Bett, bevor Sie Ihr Problem nicht gelöst haben oder es zumindest auf den nächsten Tag verschoben haben. Gespräche sind oft eine große Hilfe.
3. Ernährung: Während sich schwere Mahlzeiten vor dem Zubettgehen eher als schlafhindernd erweisen, kann eine leichte, eiweißreiche Mahlzeit sich positiv auswirken. So enthält z. B. ein Glas Milch die Aminosäure Tryptophan. Diese bewirkt im Gehirn die Ausschüttung von Serotonin. Serotonin wiederum hat eine beruhigende, entspannende Wirkung. Tryptophan führt außerdem zu einer verstärkten Ausschüttung des Wachstumshormons HGH.
4. Training: Laufen Sie nicht zu spät am Abend. Ein belastendes, intensives Training kurz vor dem Zubettgehen kann zu Einschlafproblemen führen.

Schreiben Sie Ihr Problem auf eine Karte und legen Sie diese dann z. B. auf Ihren Schreibtisch. So lächerlich sich das anhört – es funktioniert! Meist lässt sich das Problem so leichter aus dem Bewusstsein verdrängen.

5. Koffein, Alkohol: Koffein regt die Hirntätigkeit an. Was am Tag ein Vorteil ist, wirkt sich in der Nacht negativ aus. Meiden Sie daher koffeinhaltige Getränke wie Kaffe, Tee oder Cola in den drei bis vier Stunden vor dem Zubettgehen. Alkohol hilft zwar zunächst beim Einschlafen, weil er die Hirntätigkeit herabsetzt, führt aber danach zu Durchschlafstörungen.

Verbrauchte Energie zurückgewinnen

Der Markt für spezielle Sportlergetränke ist in den letzten Jahren sehr gewachsen. Welches Energiegetränk Sie wählen, ist von eher untergeordneter Bedeutung, die Unterschiede sind gering.

Wenn Sie laufen, schwitzen Sie und verbrennen Kohlenhydrate. Je intensiver, desto mehr. Ein schneller Ausgleich von Wasser und Kohlenhydraten ist für die Regeneration von enormer Bedeutung.

Für Flüssigkeitsausgleich sorgen

Je nach Außentemperatur und Intensität der Belastung verlieren Sie pro Stunde etwa einen bis eineinhalb Liter Flüssigkeit. Das müssen Sie nach dem Training ausgleichen. Dabei sollten Sie bei einem Liter Flüssigkeitsverlust zwei Liter trinken, um das Defizit auszugleichen. Der Körper kann nämlich nicht die ganze Flüssigkeit, die Sie zuführen, auch speichern.

Die Kohlenhydratspeicher auffüllen

Innerhalb der ersten Stunde nach dem Training ist die Aktivität des kohlenhydrataufbauenden Enzyms Glykogensynthease am größten. Jetzt kann Ihre Muskulatur am schnellsten die entleerten Kohlenhydratspeicher wieder auffüllen. Sie sollten daher unmittelbar nach dem Training 25 bis 30 Gramm leicht verdauliche Kohlenhydrate zu sich nehmen. Auch wenn Sie keinen Hunger haben, müssen Sie Kohlenhydrate zu sich nehmen. Die Kohlenhydrataufnahme hat bis zwei Stunden nach dem Training neben dem Wasserausgleich die höchste Priorität.
Eine einfache Möglichkeit ist die so genannte »Pulle danach«. Schon vor dem Training stellen Sie sich folgendes Getränk bereit: In einen Liter Mineralwasser oder Apfelsaftschorle geben Sie 25 bis 30 Gramm eines Energiegetränks und ein Gramm Kochsalz (erhöht nochmals die Kohlenhydrataufnahme). Diese Mischung trinken Sie direkt nach dem Training. Mindestens einen Liter, eher zwei.

Eiweißbausteine sammeln

Etwa ab 30 bis 60 Minuten nach dem Training sollten Sie auch Eiweiß zu sich nehmen, denn auch bei Ausdauersportlern kommt es während der Belastung zu einem Eiweißabbau in der Muskulatur. Auch Ihr Immunsystem ist auf Aminosäuren, die Bausteine des Eiweiß, angewiesen. Vor allem die Aminosäuren Arginin und Ornithin sind in der Regeneration von Bedeutung, da sie die Ausschüttung des Wachstumshormons stimulieren. Diese Aminosäuren finden Sie vor allem in Nüssen und Samen. Das »Müsli danach« ist die ideale Mahlzeit, die Sie mit allen notwendigen Nährstoffen versorgt. Besorgen Sie sich ein Müsli mit einem hohen Eiweißanteil (15 bis 20 Prozent). Darin sollten nach Möglichkeit Erdnüsse, Cashewnüsse, Walnüsse, Leinsamen und Sonnenblumenkerne enthalten sein. Milch und Obst drüber, und Ihre Regeneration läuft auf Hochtouren. Alternativ können Sie sich auch ein Eiweißpulver kaufen. Achten Sie jedoch darauf, dass der Eiweißanteil bei etwa 20 Prozent liegt, der Kohlenhydratanteil bei 80 Prozent. Diese Mischung wird vom Körper besser aufgenommen als pures Eiweiß.

Ihre Eiweißzufuhr können Sie nicht nur durch den Konsum von extra dicken Steaks erhöhen: Pflanzliches Eiweiß aus Nüssen und Getreide ist mindestens ebenso hochwertig und leichter verdaulich.

Ruhetage und Regenerationswochen

»Wozu denn Ruhetage, ich will doch fit werden.« Das ist die Aussage vieler Anfänger, die vier Wochen lang trainieren wie Weltmeister und dann so kaputt sind, dass sie sich jeglichen Spaß für die Zukunft genommen haben. Das wird Ihnen nicht passieren, denn in Ihrem Trainingsplan finden Sie genügend Tage, an denen Sie nicht trainieren sollten. An den Ruhetagen sollen Sie sich von der Trainingsbelastung erholen. Genauso ist es in den Regenerationswochen. Diese Wochen sollen dem Körper die Gelegenheit geben, die vorausgegangenen Belastungen zu verarbeiten. Wenn Sie sich darüber hinwegsetzen, kann ein so genanntes Übertraining die Folge sein. Ein Risiko ist durch die kurze Vorbereitungszeit von 12 Wochen sicherlich gegeben. Folgende Symptome deuten auf ein Übertraining hin:

- Frühe Anzeichen: über mehrere Tage um sieben bis acht Schläge erhöhte Ruheherzfrequenz; gestörter Schlaf; Nachtschweiß; reduzierter Appetit
- Mittelfristige Anzeichen: allmähliche Leistungsminderung trotz Training; reduzierte Erholungsfähigkeit; ungewollter Gewichtsabfall; keine Lust zum Training

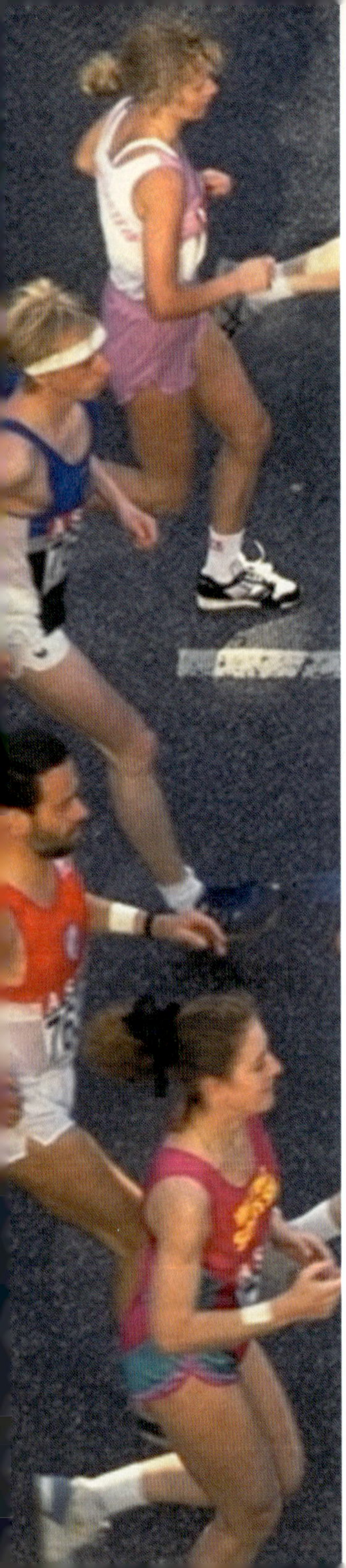

Gesunde Basisernährung
steigert die Leistung

Sie brauchen keine hochspezialisierte Sportlernahrung, aber die ausgewogene und reichliche Zufuhr aller wichtigen Nährstoffe unterstützt Ihre Leistungsfähigkeit.

Eine Leistungssteigerung im Wettkampf durch eine spezielle Wettkampfernährung kann nur auf der Grundlage einer gesunden Basisernährung erfolgen. Diese Basisernährung muss Ihren Körper mit allen lebensnotwenigen Stoffen versorgen. Für Ausdauersportler heißt dies, dass sich die Nahrungsenergie zusammensetzen sollte aus:

- 55 bis 65 Prozent Kohlenhydraten
- 10 bis 15 Prozent Eiweiß
- 25 bis 30 Prozent Fett

In vielen wissenschaftlichen Studien hat sich gezeigt, dass Ausdauersportler damit am Besten zurecht kommen. Immer wieder werden aber auch andere Relationen propagiert. Davon sollten Sie sich nicht irritieren lassen. Einzelne Personen mögen damit zurecht kommen, doch sicher nicht die breite Masse.

Qualitativ hochwertige Lebensmittel einkaufen

Bei der Aufnahme von Kohlenhydraten, Eiweiß und Fetten sollten Sie ganz besonders auf die Qualität Ihrer Nahrungsmittel achten. Je weniger sie verarbeitet sind, desto mehr Vitamine, Mineralstoffe und Spurenelemente sind enthalten. Diese Nährstoffe haben für den Ausdauersportler eine wichtige Funktion im Energie- und Baustoffwechsel. Bevorzugen Sie also wenig oder gar nicht verarbeitete Lebensmittel wie Obst, Gemüse oder Vollkornprodukte. Sollten dennoch Mangelzustände auftreten, sind Zusatzpräparate aus der Apotheke sinnvoll.

Echte Nährstoffdefizite sind bei einer gesunden Ernährung extrem selten. Nehmen Sie also nicht irgendwelche Ergänzungspräparate, wenn der Arzt nicht einen tatsächlichen Mangel festgestellt hat: Auch hier kann man des Guten zuviel tun!

Gut zu wissen

Die Nährstoffe schonen

Es nützt wenig, die hochwertigsten Lebensmittel einzukaufen und sie dann durch langes Lagern, Kochen, Braten oder Einweichen »umzubringen«.

- Kaufen Sie an Frischwaren nur soviel, wie Sie in ein bis zwei Tagen verbrauchen können.
- Lagern Sie Ihre Einkäufe sachgerecht, also in den meisten Fällen: dunkel, kühl und trocken.
- Wählen Sie die jeweils schonendste Zubereitungsform.

Erscheinungsbild	Schweißbildung
Kein sichtbarer Schweiß	0,5 Liter/Stunde
Sichtbarer Schweiß	1,0 Liter/Stunde
Tropfender Schweiß	1,5 Liter/Stunde

Trinken hat oberste Priorität

Nichts mindert so rasch und auch so nachhaltig Ihre Leistungsfähigkeit wie ein Flüssigkeitsdefizit. Warten Sie deshalb niemals ab, bis sich der große Durst einstellt!

Bereits bei einem Schweißverlust von zwei Prozent (1,5 Liter bei einer 75 Kilogramm schweren Person) des Körpergewichts kommt es zu einem Anstieg der Körperkerntemperatur auf 39 bis 40 °C. Das Blut wird dicker, es kommt zu einer Verschlechterung der Durchblutung. Im Training, besonders aber im Wettkampf kommt dem Ausgleich der verlorenen Flüssigkeit große Bedeutung zu. Bei sommerlichen Außentemperaturen über 23 °C hat der Flüssigkeitsausgleich oberste Priorität. Auf den »gesunden Instinkt« ist dabei wenig Verlass: Das Durstgefühl ist in der Regel kein verlässlicher Parameter, weil es meist erst einsetzt, wenn bereits erste Anzeichen der Austrocknung vorhanden sind. Bereits vorher muss mit regelmäßigem Trinken begonnen werden.

Expertentipp

Geeignete und ungeeignete Getränke

- Reines Leitungswasser ist zum Flüssigkeitsausgleich während des Trainings oder Wettkampfs ungeeignet, weil darin zuwenig Mineralien enthalten sind. Damit Wasser aus dem Darm abgegeben werden kann, muss es in einer bestimmten Konzentration vorliegen. Leitungswasser entzieht dem Körper Mineralien, um diese Konzentration zu erreichen.
- Hoch konzentrierte Flüssigkeiten wie Fruchtsäfte oder Cola-Getränke entziehen dem Körper erst Wasser, um die notwendige Konzentration herzustellen.

■ Ein hervorragendes Getränk für Läufer ist die Apfelsaftschorle, d. h. Mineralwasser und Apfelsaft im Verhältnis 1:2 bis 1:3.

Kohlenhydrate im Training

Zunächst sollten Sie sich die Frage stellen: Was ist heute das Ziel meines Trainings? Danach richtet sich nämlich der Einsatz der Kohlenhydrate. Hier erfahren Sie, wann Sie besser mehr und wann weniger dieser Energieträger einsetzen.

In der täglichen »Normalernährung« sollten die Kohlenhydrate in Form von Kartoffeln und Getreide den Hauptpfeiler bilden. Für das Training des Fettstoffwechsels ist manchmal eine Drosselung der Zufuhr empfehlenswert.

Gut bei intensiver Belastung

Grundsätzlich bewirkt eine reichliche Kohlenhydratzufuhr (mehr als ein Gramm pro Kilogramm Körpergewicht) vor dem Training, dass sich der Energiestoffwechsel auf Kohlenhydratverbrennung einstellt. Das ist der Energieträger, der momentan am leichtesten verbrannt werden kann. Wenn Sie ein intensives Intervalltraining vor sich haben, ist dies sinnvoll, weil Sie Ihren Kohlenhydratstoffwechsel trainieren wollen. Die vorher zugeführten Kohlenhydrate haben dann eine leistungssteigernde Wirkung, weil sie die Belastungszeit um 20 Prozent erhöhen.
Wenn aber Aufgabe des Trainings eine Verbesserung des Fettstoffwechsels ist, kann die reichliche Zufuhr von Kohlenhydraten von Nachteil sein. Die Aktivierung der so genannten freien Fettsäuren würde dann vorübergehend unterdrückt werden. In diesem Fall sollte die letzte kohlenhydratreiche Mahlzeit mindestens drei Stunden zurückliegen, beziehungsweise vor dem Training auf weniger als ein Gramm pro Kilogramm Körpergewicht begrenzt werden. Sie hat dann keine negative Auswirkung auf den Fettstoffwechsel.

Spezialfall Nüchterntraining

Der Fettstoffwechsel wird immer dann besonders effektiv trainiert, wenn die Kohlenhydratvorräte weitgehend erschöpft sind. Dann erhält die Verbrennung der freien Fettsäuren das Übergewicht. Ein Spezialfall zur Beschleunigung dieses Vorgangs ist das so genannte »Nüchterntraining«.

Dieses Training setzt voraus, dass Sie sechs bis zwölf Stunden vor dem Training nichts essen. Dies ist in der Nacht in der Regel immer der Fall. Wenn Sie also morgens ohne Frühstück laufen, trainieren Sie damit optimal Ihren Fettstoffwechsel.

Energiegetränke als Notreserve

Für einen erfolgreichen Läufer unentbehrlich: reichlich Kohlenhydrate auf dem Speisezettel.

Anfänger, die diese Art des Trainings nicht gewöhnt sind, können sehr leicht in eine Unterzuckerung kommen. Der Fettstoffwechsel funktioniert noch nicht richtig und Kohlenhydrate stehen nicht zur Verfügung. Auch erfahrene Ausdauersportler kennen dieses Phänomen als »Hungerrast«. Anzeichen dafür sind: Schwindel, Heißhunger, völlige Kraftlosigkeit. Lassen Sie

also besser die Finger von dieser Trainingsvariante, falls Sie sich nicht fit fühlen oder noch am Anfang des Marathon-Trainings stehen.

Wenn Sie das Nüchterntraining ausprobieren wollen, dann nicht gleich bei Ihrem längsten Lauf. Sicherheitshalber haben Sie etwas zu essen dabei. Ab einer Belastungszeit von 90 Minuten sollten Sie in jedem Fall Kohlenhydrate zuführen, da ansonsten Ihr Immunsystem massiv belastet wird. Auf den Fettstoffwechsel hat dies keinen negativen Einfluss mehr. Er ist jetzt aktiv.

Die Aufnahme von Kohlenhydraten sollte dosiert erfolgen. Zehn bis zwölf Gramm alle 20 Minuten sind ausreichend, um den Blutzuckerspiegel auf Normalniveau zu halten. Es bietet sich an, diese Kohlenhydrate in flüssiger Form aufzunehmen. Ein Sportler-Energiegetränk, das Sie bequem in einem Hüftgurt transportieren können, erfüllt diesen Zweck.

Der Erfolg beim Marathon hängt weitgehend von der feinen Ausbalancierung des Kohlenhydrat- und Fettstoffwechsels ab. Es hält nur der Läufer durch, der diese beiden Energieträger optimal nutzen kann.

Kohlenhydrate im Wettkampf

Für den Wettkampf gelten teilweise wieder andere Bedingungen als für das Training. Zunächst sollten Sie sich nochmals vergegenwärtigen, worum es bei der Teilnahme an einem Marathon eigentlich geht: Vorrangiges Ziel ist es, eine geringe Laufgeschwindigkeit möglichst lange durchhalten zu können.

Die Energiequellen optimal abstimmen

Dafür stehen die beiden Energiequellen Fett und Kohlenhydrate zur Verfügung. Die Bedeutung der Fette liegt darin, dass diese Quelle praktisch unerschöpflich ist. Ein funktionierender Fettstoffwechsel stellt die Grundlage für eine erfolgreiche Marathonteilnahme dar. Allerdings kämen Sie auch ohne Kohlenhydrate nicht ins Ziel. So müssen der Blutzuckerspiegel und die Zufuhr von Glukose (der Körper baut Kohlenhydrate zu Glukose ab) auf einem Mindestniveau gehalten werden. Die in Muskulatur und Leber gespeicherte Menge an Kohlenhydraten reicht dazu nicht aus. Es muss also von außen für Nachschub gesorgt werden. Dieser funktionierende Nachschubweg in Kombination mit dem Fettstoffwechsel ist der Schlüssel zu einer Leistungssteigerung im Wettkampf.

Expertentipp

Nicht zu kräftig zulangen

Grundsätzlich gilt auch für den Wettkampf, dass eine zu reichliche Kohlenhydrataufnahme vor dem Wettkampf die Verbrennung von freien Fettsäuren unterdrückt. Dies muss in jedem Fall vermieden werden.

- Etwa drei Stunden vor dem Wettkampf sollte die letzte kohlenhydratbetonte Mahlzeit erfolgen. Optimal ist dabei ein Kaloriengehalt von 200–400 kcal. Damit schaffen Sie ein kleines Energiedepot, das den Magen nicht belastet.
- Danach braucht keine Kohlenhydratzufuhr mehr erfolgen. Wenn Sie das Bedürfnis danach haben, wird ein kleiner Snack (Banane oder Riegel) den Fettstoffwechsel für den Wettkampf nicht behindern.

Experimentieren Sie schon in der Vorbereitungszeit, um das ideale Wettkampfgetränk für sich herauszufinden. So sind Sie unabhängig von Verpflegungsständen bzw. wissen genau, welche Angebote Sie nutzen sollten und welche nicht.

Das richtige Getränk für unterwegs

Für den Wettkampf hat die kontinuierliche Zufuhr von Kohlenhydraten, zusammen mit der Flüssigkeitszufuhr, allergrößte Bedeutung. Der leistungssteigernde Effekt besteht in der Verlängerung der Belastungszeit um 20 Prozent.

Nach etwa 45 bis 60 Minuten Wettkampfdauer hat sich die Energiebereitstellung zugunsten der Fettverbrennung eingependelt. Ab jetzt sollte eine regelmäßige Zufuhr von Kohlenhydraten erfolgen. Optimal ist ein Kohlenhydratgetränk, das eine Konzentration von sechs bis acht Prozent aufweist. Geben Sie auf einen Liter Wasser 60 bis 80 Gramm Kohlenhydrate eines Sportgetränks. Bei heißen Temperaturen sollte die Trinklösung eher sechsprozentig sein. Bei kühlen Temperaturen kann sie bis zu zehnprozentig sein. Höhere Konzentrationen müssen erst im Darm verdünnt werden. Das entzieht dem Körper Flüssigkeit. Im Gegensatz dazu würde reines Wasser dem Körper Mineralien entziehen. Die Konzentration von sechs bis acht Prozent ist daher für die Flüssigkeits- und Energieaufnahme optimal.

Das gibt's am Verpflegungsstand

Sie können nicht davon ausgehen, dass Ihnen im Wettkampf genau dieses Getränk angeboten wird. Im Regelfall gibt es bei Marathonläufen alle zweieinhalb Kilometer einen Wasserstand und alle fünf Kilometer einen Verpflegungsstand. An den Verpflegungsständen werden in der Regel Obst und ein Sportgetränk angeboten. Manchmal auch Energieriegel. Wenn Sie diese Angebote nutzen, verlieren Sie den Überblick, ob Sie wirklich die benötigte Flüssigkeit und Energie bekommen.

Nicht immer bieten Verpflegungsstände die optimale Versorgung an. Nehmen Sie deshalb besser alles Nötige auf den Lauf mit.

Die systematische Selbstversorgung

Wir empfehlen Ihnen folgende Variante:

- Dazu brauchen Sie zunächst einen Trinkgurt. Diesen Gurt können Sie sich um die Taille schnallen. Am Gurt sind kleine Trinkflaschen befestigt, die Sie beim Laufen nicht behindern.
- In diese Trinkflaschen füllen Sie vor dem Wettkampf ein konzentriertes Kohlenhydratgel.
- Wenn Sie wissen, dass Sie pro Belastungsstunde etwa einen Liter Wasser brauchen und 60 bis 80 Gramm Kohlenhydrate, können Sie sich in etwa ausrechnen, wie viel Gel Sie mitnehmen sollten und wie viel Sie alle zweieinhalb Kilometer zu sich nehmen müssen.
- Das Wasser wird in Bechern angeboten, die in der Regel halb gefüllt sind. Ein Becher enthält dann etwa 100 bis 150 Milliliter Wasser.
- Bleiben Sie also an jeder Verpflegungsstelle (alle zweieinhalb Kilometer) kurz stehen, trinken Sie zwei Becher Wasser und essen Sie die vorherberechnete Menge des Kohlenhydratgels.

Natürlich ist es nicht sinnvoll, die gesamte Flüssigkeitsmenge, die Sie während eines Wettkampfs brauchen, mit sich herumzuschleppen. Sinnvoll ist ein Kohlenhydratgel, das wenig zusätzliches Gewicht bringt und unterwegs mit Wasser ergänzt wird.

Expertentipp

Übung macht den Meister

Kein Weg führt daran vorbei: Sie müssen unterwegs Ihre Energiereserven auffüllen – wenn nur nicht so viel kostbare Zeit dabei verlorenginge! Wenn Sie das Ganze im Laufen erledigen wollen, ist es sinnvoll das vorher im Training auszuprobieren. Trinken Sie dann im Wettkampf eher drei Becher, da meistens relativ viel daneben geht.

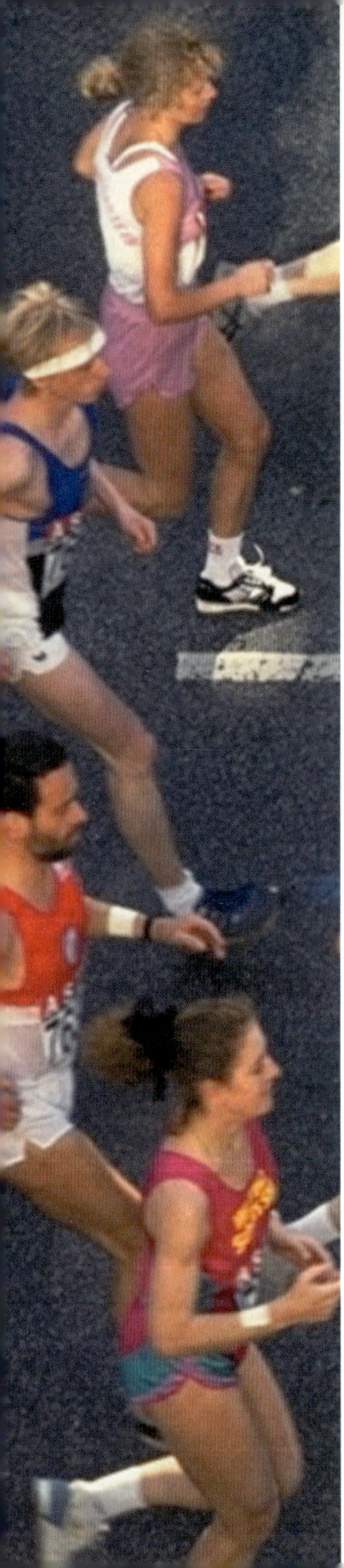

Die Trainingspläne – maßgeschneidert auf Ihr Ziel

Klar, Sie möchten an einem Marathon teilnehmen – aber wie weit gehen Ehrgeiz und Leistungsfähigkeit? Geht es darum, in guter Form durchzuhalten oder möchten Sie neue Bestzeiten laufen?

Systematisches Training ist ein Wechsel zwischen Belastung und Erholung. Das ist Ihnen inzwischen sicher klar geworden. Sie haben erfahren, wie Sie sowohl die Belastung, also das Lauftraining, als auch die Regeneration effektiver gestalten können. Jetzt kommt es auf die Feinabstimmung an. Alles, was Sie jetzt wissen, muss in Ihren 12-Wochen-Plan einfließen. Bei den Trainingsplänen geht es um die genaue Abfolge von Trainingseinheiten und Regenerationszeiten. In einem Rahmenplan stellen wir Ihnen den systematischen Trainingsaufbau über 12 Wochen vor.

Vielleicht sind Sie ein geübter Läufer und möchten systematisch daran arbeiten, Ihre Zeit beim nächsten Marathon zu verbessern. Vielleicht sind Sie aber auch ein Neuling, der vollauf zufrieden damit wäre, heil und gesund einen Marathon als persönliche Herausforderung durchgehalten zu haben. Je nachdem sollten Sie die Vorbereitung unterschiedlich gestalten.

Die Trainingsblöcke

Natürlich können Sie einfach sagen: »Ich lauf einfach zwölf Wochen lang jede Woche einmal zwei Stunden und zweimal eine Stunde«. Vielleicht werden Sie auch so ins Ziel kommen. Aber nur vielleicht. Hinterher würden Sie sich ärgern, dass Sie aus Ihrer investierten Zeit nicht mehr herausgeholt haben.

Effektiver gestalten Sie Ihre 12 Wochen Vorbereitungszeit, wenn Sie die zur Verfügung stehende Zeit in Trainingsblöcke einteilen. Dabei werden einzelne Wochen in Blöcke zusammengefasst und jedem Block ein Aufgabe zugeteilt. In der folgenden Grafik sehen Sie das Schema, das allen 12-Wochenplänen zugrunde liegt.

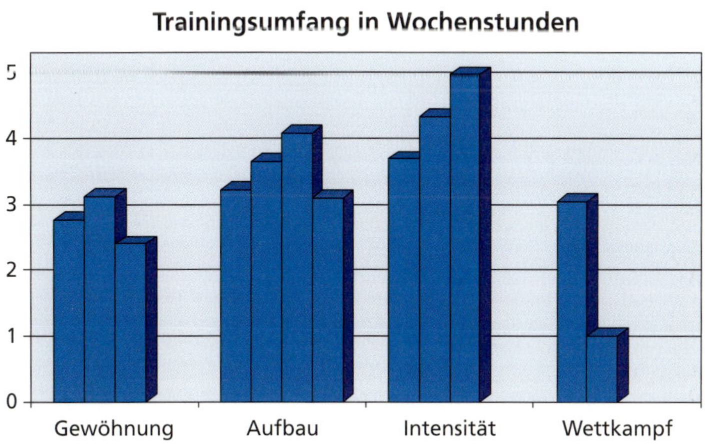

1. Block: Gewöhnung

In den ersten drei Wochen geht es darum, dass Sie sich an die zunehmende Belastung gewöhnen. Sie sollten sich nach jedem Lauf bis zur nächsten Belastung vollkommen erholen können. In den ersten beiden Wochen nimmt der Umfang zu, die dritte Woche ist als Entlastungswoche mit geringerem Umfang geplant. Lassen Sie sich nicht zu einem höheren Trainingsumfang verführen, auch wenn Sie sich gut fühlen. Gerade wenn Sie Anfänger sind, braucht speziell Ihr Bewegungsapparat diese Erholungszeit.

Als Anfänger macht man leicht den Fehler, sich gleich zu Beginn zu überfordern: Man möchte es eben wissen! Bleiben Sie geduldig und geben Sie sich ausreichend Zeit, sich schrittweise an die Trainingsbelastung zu gewöhnen.

2. Block: Aufbau

Der zweite Block besteht aus vier Wochen und dient der Verbesserung der aeroben Leistungsgrundlagen. Sie sollten spüren, wie Sie bei gleicher Herzfrequenz ein schnelleres Tempo laufen können. Trainingseinheiten mit geringer Intensität dominieren diesen Block. Vereinzelt finden Sie schon mal Trainingseinheiten, die im Bereich des Marathontempos liegen.
Wenn Sie sich nach einzelnen Trainingseinheiten nicht komplett erholen können, ist das kein Grund zur Verzweiflung. Am Ende dieses Blocks folgt die zweite Regenerationswoche.

3. Block: Intensität

Dieser Block, der aus drei Wochen besteht, stellt die höchsten Anforderungen: Der Trainingsumfang nimmt weiter zu, gleichzeitig werden einzelne Trainingseinheiten im intensiven Bereich durchgeführt. Am Ende dieses Blocks sollten Sie sich richtig kaputt fühlen.

4. Block: Wettkampf

In der ersten dieser beiden Wochen sollten Sie sich zunächst von den vorausgegangenen drei harten Wochen erholen. Erst am Ende dieser Woche geht es nochmals zur Sache. Lange Trainingseinheiten sind ab jetzt verboten. In kurzen, intensiven Läufen geben Sie Ihrem Körper den letzten Feinschliff. Wenn Sie sich am Ende dieser Woche nochmals kaputt fühlen: gut so, denn in der letzten Woche ist ausschließlich Regeneration angesagt. Sie können ab jetzt Ihre Form nicht weiter verbessern, aber durch zuviel Training noch alles kaputt machen.

Trainingsplan: Ankommen mit Minimalaufwand

Dieser Trainingsplan richtet sich an Personen, die bisher kaum oder nur sehr unregelmäßig gelaufen sind. Außerdem ist ihr Zeitbudget eher gering. Es geht Ihnen in erster Linie darum das Ziel zu sehen. Wenn Sie dazu während des Wettkampfes auch mal Gehpausen machen müssen, stört Sie das weniger. Die Endzeit spielt für Sie keine Rolle. Sie sehen den Marathon wirklich als Abenteuer und wollen ausprobieren, ob es geht.

Drei Stunden reichen pro Woche

Ausgehend von dieser Zielsetzung ist ein durchschnittlicher Trainingsumfang von etwas mehr als drei Stunden pro Woche ausreichend. Um Ihr Zeitbudget nicht zu sehr zu strapazieren, laufen Sie nicht öfter als dreimal pro Woche.
Entsprechend der Trainingsblöcke finden Sie in der Grafik die Verteilung der einzelnen Wochenstunden. Der folgende Trainingsplan in tabellarischer Form zeigt Ihnen genau die Verteilung der einzelnen Trainingseinheiten mit Trainingsdauer und Herzfrequenz. Die Trainingsdauer beinhaltet jeweils ein fünf- bis zehnminütiges Aufwärmen. Nach dieser Zeit sollten Sie die untere Grenze des Trainingsbereiches erreicht haben. Abwärmen oder Auslaufen ist nur für die intensiveren Trainingsbereiche (4 bis 7) notwendig.

Dieser Plan ist für alle, die erstmals in das Abenteuer Marathon hineinschnuppern wollen oder die bereits genau wissen, dass eine erfolgreiche Teilnahme für sie ausschließlich bedeutet, am Ziel anzukommen.

Trainingsumfang in h pro Woche

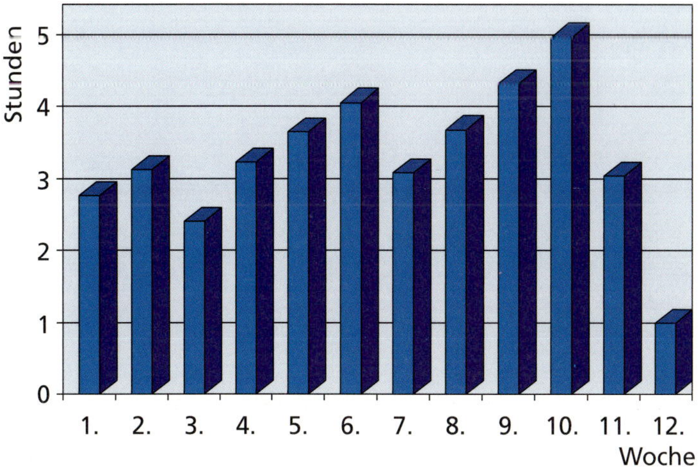

1. Woche: Gewöhnung

	Dauer	Trainingsbereich	Nr.	% MHF
Mo				
Di	40 min.	Lockerer Dauerlauf	3	65–75%
Mi				
Do	55 min.	Lockerer Dauerlauf	3	65–75%
Fr				
Sa	70 min.	Fettstoffwechseltraining	1	60–65%
So				
Ges.	**2 h 45 min.**			

2. Woche: Gewöhnung

	Dauer	Trainingsbereich	Nr.	% MHF
Mo				
Di	45 min.	Lockerer Dauerlauf	3	65–75%
Mi				
Do	60 min.	Lockerer Dauerlauf	3	65–75%
Fr				
Sa	80 min.	Fettstoffwechseltraining	1	60–65%
So				
Ges.	**3 h 5 min.**			

3. Woche: Gewöhnung

	Dauer	Trainingsbereich	Nr.	% MHF
Mo				
Di	30 min.	Regenerativer Lauf	8	60–65%
Mi				
Do	50 min.	Lockerer Dauerlauf	3	65–75%
Fr				
Sa	65 min.	Fettstoffwechseltraining	1	60–65%
So				
Ges.	**2 h 25 min.**			

4. Woche: Aufbau

	Dauer	Trainingsbereich	Nr.	% MHF
Mo				
Di	45 min.	Progressiver Dauerlauf	4	70% ± 10
Mi				
Do	60 min.	Lockerer Dauerlauf	3	65–75%
Fr				
Sa	90 min.	Fettstoffwechseltraining	1	60–65%
So				
Ges.	**3 h 15 min.**			

5. Woche: Aufbau

	Dauer	Trainingsbereich	Nr.	% MHF
Mo				
Di	50 min.	Lockerer Dauerlauf	3	65–75%
Mi				
Do	70 min.	Progressives Stoffwechseltraining	2	65% ± 5
Fr				
Sa	100 min.	Fettstoffwechseltraining	1	60–65%
So				
Ges.	**3 h 40 min.**			

6. Woche: Aufbau

	Dauer	Trainingsbereich	Nr.	% MHF
Mo				
Di	60 min.	Lockerer Dauerlauf	3	65–75%
Mi				
Do	75 min.	Progressives Stoffwechseltraining	2	65% ± 5
Fr				
Sa	110 min.	Fettstoffwechseltraining	1	60–65%
So				
Ges.	**4 h 5 min.**			

7. Woche: Aufbau

	Dauer	Trainingsbereich	Nr.	% MHF
Mo				
Di	35 min.	Regenerativer Lauf	8	60–65%
Mi				
Do	60 min.	Lockerer Dauerlauf	3	65–75%
Fr				
Sa	90 min.	Fettstoffwechseltraining	1	60–65%
So				
Ges.	**3 h 5 min.**			

8. Woche: Intensität

	Dauer	Trainingsbereich	Nr.	% MHF
Mo				
Di	50 min.	Extensiver Tempolauf	5	75–80%
Mi				
Do	60 min.	Progressiver Dauerlauf	4	70% ± 10
Fr				
Sa	110 min.	Fettstoffwechseltraining	1	60–65%
So				
Ges.	**3 h 15 min.**			

9. Woche: Intensität

	Dauer	Trainingsbereich	Nr.	% MHF
Mo				
Di	60 min.	Extensiver Tempolauf	5	75–80%
Mi				
Do	80 min.	Progressives Fettstoffwechseltraining	2	65% ± 5
Fr				
Sa	120 min.	Fettstoffwechseltraining	1	60–65%
So				
Ges.	**4 h 20 min.**			

10. Woche: Intensität

	Dauer	Trainingsbereich	Nr.	% MHF
Mo				
Di	75 min.	Lockerer Dauerlauf	3	65–75%
Mi				
Do	90 min.	Progressives Fettstoffwechseltraining	2	65% ± 5
Fr				
Sa	130 min.	Fettstoffwechseltraining	1	60–65%
So				
Ges.	**4 h 55 min.**			

11. Woche: Wettkampf

	Dauer	Trainingsbereich	Nr.	% MHF
Mo				
Di	20 min.	Regenerativer Lauf	8	60–65%
Mi				
Do	30 min.	Intensiver Tempolauf	6	80–85%
Fr				
Sa	50 min.	Extensiver Tempolauf	5	75–80%
So	80 min.	Fettstoffwechseltraining	1	60–65%
Ges.	**3 h**			

12. Woche: Wettkampf

	Dauer	Trainingsbereich	Nr.	% MHF
Mo				
Di	15 min.	Regenerativer Lauf oder Pause	8	60–65%
Mi	30 min.	3x3 min. Extensiver Tempolauf	5	75–80%
Do				
Fr	15 min.	Regenerativer Lauf oder Pause	8	60–65%
Sa				
So		**Marathon**		
Ges.	**1 h**			

Trainingsplan: Sicher ankommen

Auch dieser Trainingsplan richtet sich an Personen, die bisher keine oder wenig Lauferfahrung haben. Im Unterschied zum vorherigen Trainingsplan haben Sie aber genügend Zeit zum Training. Damit steigen natürlich auch Ihre Ansprüche.
Ihr erstes Ziel ist es natürlich auch, das Ziel zu sehen. Sie wollen aber die ganze Strecke laufend zurücklegen. Gehpausen kommen nur an den Verpflegungsständen in Frage.

Mit viel Abwechslung trainieren

Der Trainingsaufwand liegt durchschnittlich bei wöchentlich etwas mehr als vier Stunden. Sie trainieren vier- bis fünfmal pro Woche. Dieser höhere Umfang wird allerdings nicht durch das Laufen erreicht, sondern durch alternative Sportarten wie Rad fahren oder Schwimmen. Dies hat den Vorteil, dass die Ausdauerleistung zunimmt, während das orthopädische Risiko durch zu schnell gesteigerte Laufumfänge minimiert wird.
Die Trainingsdauer beinhaltet jeweils ein fünf- bis zehnminütiges Aufwärmen. Nach dieser Zeit sollten Sie die untere Grenze des Trainingsbereiches erreicht haben. Abwärmen oder Auslaufen ist nur für die intensiveren Trainingsbereiche (4 bis 7) notwendig.

Bei diesem Trainingsplan müssen Sie etwas mehr Zeit und Energie investieren, um sich auf den Marathon vorzubereiten. Aber er ist ebenfalls für Neulinge geeignet.

Trainingsumfang in h pro Woche

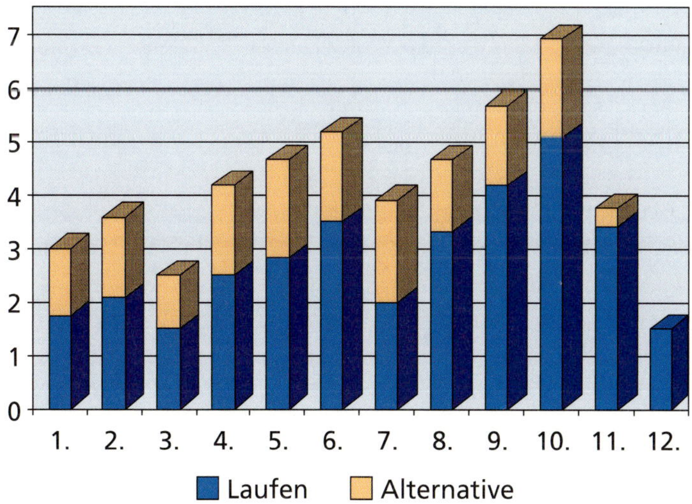

1. Woche: Gewöhnung

	Dauer	Trainingsbereich	Nr.	% MHF
Mo				
Di	L 40 min.	Extensiver Tempolauf	5	75–80%
Mi				
Do	L 50 min.	Lockerer Dauerlauf	3	65–75%
Fr				
Sa	L 15 min.	Regenerativer Lauf	8	60–65%
So	R 75 min.	Fettstoffwechseltraining	1	60–65%
Ges.	**3 h**			

2. Woche: Gewöhnung

	Dauer	Trainingsbereich	Nr.	% MHF
Mo				
Di	L 50 min.	Lockerer Dauerlauf	3	65–75%
Mi				
Do	L 50 min.	Lockerer Dauerlauf	3	65–75%
Fr				
Sa	L 25 min.	Regenerativer Lauf	8	60–65%
So	R 90 min.	Fettstoffwechseltraining	1	60–65%
Ges.	**3 h 35 min.**			

3. Woche: Gewöhnung

	Dauer	Trainingsbereich	Nr.	% MHF
Mo				
Di				
Mi	L 30 min.	Regenerativer Lauf	8	60–65%
Do				
Fr	L 60 min.	Fettstoffwechseltraining	1	60–65%
Sa				
So	R 60 min.	Fettstoffwechseltraining	1	60–65%
Ges.	**2 h 30 min.**			

4. Woche: Aufbau

	Dauer	Trainingsbereich	Nr.	% MHF
Mo				
Di	L 40 min.	Extensiver Tempolauf	5	75–80%
Mi				
Do	L 50 min.	Lockerer Dauerlauf	3	65–75%
Fr				
Sa	L 60 min.	Fettstoffwechseltraining	1	60–65%
So	R 100 min.	Fettstoffwechseltraining	1	60–65%
Ges.	**4 h 10 min.**			

L = Laufen; R = Rad fahren; S = Schwimmen

5. Woche: Aufbau

	Dauer	Trainingsbereich	Nr.	% MHF
Mo				
Di	L 50 min.	Lockerer Dauerlauf	3	65–75%
Mi				
Do	L 50 min.	Progressiver Dauerlauf	4	70% ± 10
Fr				
Sa	L 70 min.	Fettstoffwechseltraining	1	60–65%
So	R 110 min.	Fettstoffwechseltraining	1	60–65%
Ges.	**4 h 40 min.**			

6. Woche: Aufbau

	Dauer	Trainingsbereich	Nr.	% MHF
Mo				
Di	L 40 min.	Extensiver Tempolauf	5	75–80%
Mi	L 60 min.	Fettstoffwechseltraining	1	60–65%
Do				
Fr	L30 min.	Regenerativer Lauf	8	60–65%
Sa	L 80 min.	Fettstoffwechseltraining	1	60–65%
So	R 100 min.	Fettstoffwechseltraining	1	60–65%
Ges.	**5 h 10 min.**			

7. Woche: Aufbau

	Dauer	Trainingsbereich	Nr.	% MHF
Mo				
Di	L 30 min.	Regenerativer Lauf	8	60–65%
Mi				
Do	S 30 min.		8	60–65%
Fr				
Sa	L 90 min.	Fettstoffwechseltraining	1	60–65%
So	R 80 min.	Fettstoffwechseltraining	1	60–65%
Ges.	**3 h 50 min.**			

8. Woche: Intensität

	Dauer	Trainingsbereich	Nr.	% MHF
Mo				
Di	L 40 min.	Extensiver Tempolauf	5	75–80%
Mi				
Do	L 60 min.	Progressiver Dauerlauf	4	70% ± 10
Fr				
Sa	R 80 min.	Fettstoffwechseltraining	1	60–65%
So	L 100 min.	Progressives Fettstoffwechseltraining	2	65% ± 5
Ges.	**4 h 40 min.**			

L = Laufen; R = Rad fahren; S = Schwimmen

9. Woche: Intensität

	Dauer	Trainingsbereich	Nr.	% MHF
Mo				
Di	L 40 min.	Extensiver Tempolauf	5	75–80%
Mi	L 70 min.	Progressives Fettstoffwechseltraining	2	65% ± 5
Do				
Fr	L 30 min.	Intensiver Tempolauf	6	80–85%
Sa	R 90 min.	Fettstoffwechseltraining	1	60–65%
So	L 110 min.	Fettstoffwechseltraining	1	60–65%
Ges.	**5 h 40 min.**			

10. Woche: Intensität

	Dauer	Trainingsbereich	Nr.	% MHF
Mo				
Di	L 50 min.	Extensiver Tempolauf	5	75–80%
Mi	L 90 min.	Progressives Fettstoffwechseltraining	2	65% ± 5
Do				
Fr	L 45 min.	Extensiver Tempolauf	5	75–80%
Sa	R 110 min.	Fettstoffwechseltraining	1	60–65%
So	L 120 min.	Fettstoffwechseltraining	1	60–65%
Ges.	**6 h 55 min.**			

11. Woche: Wettkampf

	Dauer	Trainingsbereich	Nr.	% MHF
Mo				
Di	S 20 min.		8	60–65%
Mi	L 25 min.	Regenerativer Lauf	8	60–65%
Do	L 40 min.	Intensiver Tempolauf	6	80–85%
Fr				
Sa	L 60 min.	Extensiver Tempolauf	5	75–80%
So	L 80 min.	Progessives Fettstoffwechseltraining	2	65% ± 5
Ges.	**3 h 45 min.**			

12. Woche: Wettkampf

	Dauer	Trainingsbereich	Nr.	% MHF
Mo				
Di	L 30 min.	Regenerativer Lauf	8	60–65%
Mi	L 40 min.	4 x 5 min. Extensiver Tempolauf	5	75–80%
Do				
Fr	L 20 min.	Regenerativer Lauf	8	60–65%
Sa				
So		**Marathon**		
Ges.	**1 h 30 min.**			

L = Laufen; R = Rad fahren; S = Schwimmen

Trainingsplan: Unter vier Stunden

Wenn Sie diesen Trainingsplan absolvieren, haben Sie ein klares Ziel vor Augen: Sie wollen unter vier Stunden laufen. Um das in 12 Wochen zu schaffen, sind Sie entweder kein Anfänger mehr oder sehr talentiert. Vielleicht waren Sie auch einmal sehr sportlich und wollen es noch mal wissen.

Die Anforderungen steigen

In jedem Fall müssen Sie einen Trainingsumfang von fast fünf Stunden wegstecken können. Das erfordert einerseits eine gute Regenerationsfähigkeit, aber auch einen belastbaren Bewegungsapparat. Die meiste Zeit laufen Sie nämlich.

Vier Einheiten pro Woche sind die Regel. Alternativsportarten wie Schwimmen, Rad fahren und vor allem Krafttraining sind sinnvoll, ersetzen aber das Laufen nicht mehr. Das Auf- und Abwärmen (bereits in der Trainingszeit enthalten) hat einen höheren Stellenwert als in den vorangegangenen Trainingsplänen. Zehn Minuten Einlaufen sind für jedes Training notwendig. Intensivere Trainingseinheiten sollten Sie mit 15 Minuten Einlaufen beginnen. Maximal fünf Minuten Auslaufen sind immer ausreichend.

Ganz eindeutig: Wer sich auf diesen Trainingsplan einlässt, hat einen größeren Ehrgeiz. Der wird nur zu verwirklichen sein, wenn Sie ohnehin schon recht sportlich sind und möglichst auch Wettkampf-Erfahrung haben.

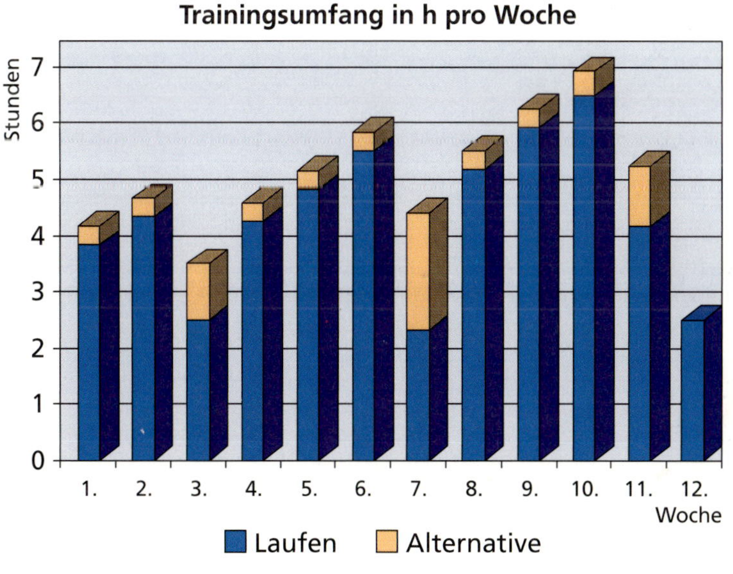

1. Woche: Gewöhnung

	Dauer	Trainingsbereich	Nr.	% MHF
Mo				
Di	L 30 min.	Intensiver Tempolauf	6	80–85%
Mi	K 20 min.			
Do	L 60 min.	Lockerer Dauerlauf	3	65–75%
Fr				
Sa	L 50 min.	Extensiver Tempolauf	5	75–80%
So	L 90 min.	Fettstoffwechseltraining	1	60–65%
Ges.	**4 h 10 min.**			

2. Woche: Gewöhnung

	Dauer	Trainingsbereich	Nr.	% MHF
Mo				
Di	L 35 min.	Intensiver Tempolauf	6	80–85%
Mi	K 20 min.			
Do	L 70 min.	Lockerer Dauerlauf	3	65–75%
Fr				
Sa	L 50 min.	Extensiver Tempolauf	5	75–80%
So	L 105 min.	Fettstoffwechseltraining	1	60–65%
Ges.	**4 h 40 min.**			

3. Woche: Gewöhnung

	Dauer	Trainingsbereich	Nr.	% MHF
Mo				
Di	S 30 min.		8	60–65%
Mi	L 40 min.	Regenerativer Lauf	8	60–65%
Do				
Fr	K 20 min.			
Sa	L 40 min.	Lockerer Dauerlauf	3	65–75%
So	L 80 min.	Fettstoffwechseltraining	1	60–65%
Ges.	**3 h 30 min.**			

4. Woche: Aufbau

	Dauer	Trainingsbereich	Nr.	% MHF
Mo				
Di	L 45 min.	Extensiver Tempolauf	5	75–80%
Mi	K 20 min.			
Do	L 60 min.	Progressiver Dauerlauf	4	70% ± 10
Fr				
Sa	L 30 min.	Intensiver Tempolauf	6	80–85%
So	L 120 min.	Fettstoffwechseltraining	1	60–65%
Ges.	**4 h 35 min.**			

L = Laufen; R = Rad fahren; S = Schwimmen; K = Krafttraining

5. Woche: Aufbau

	Dauer	Trainingsbereich	Nr.	% MHF
Mo				
Di	L 50 min.	Extensiver Tempolauf	5	75–80%
Mi	K 20 min.			
Do	L 70 min.	Progressiver Dauerlauf	4	70% ± 10
Fr				
Sa	L 40 min.	Intensiver Tempolauf	6	80–85%
So	L 130 min.	Fettstoffwechseltraining	1	60–65%
Ges.	**5 h 10 min.**			

6. Woche: Aufbau

	Dauer	Trainingsbereich	Nr.	% MHF
Mo				
Di	L 40 min.	Intensiver Tempolauf	6	80–85%
Mi	L 90 min.	Progressives Fettstoffwechseltraining	2	65% ± 5
Do				
Fr	K 20 min.			
Sa	L 60 min.	Lockerer Dauerlauf	3	65–75%
So	L 140 min.	Fettstoffwechseltraining	1	60–65%
Ges.	**5 h 50 min.**			

7. Woche: Aufbau

	Dauer	Trainingsbereich	Nr.	% MHF
Mo				
Di	S 40 min.		8	60–65%
Mi	K 25 min.			
Do	L 50 min.	Lockerer Dauerlauf	3	65–75%
Fr				
Sa	L 90 min.	Fettstoffwechseltraining	1	60–65%
So	R 60 min.	Fettstoffwechseltraining	1	60–65%
Ges.	**4 h 25 min.**			

8. Woche: Intensität

	Dauer	Trainingsbereich	Nr.	% MHF
Mo				
Di	L 45 min.	Intensiver Tempolauf	6	80–85%
Mi	L 80 min.	Progressiver Dauerlauf	4	70% ± 10
Do				
Fr	K 20 min.			
Sa	L 50 min.	Extensiver Tempolauf	5	65–75%
So	L135 min.	Fettstoffwechseltraining	1	60–65%
Ges.	**5 h 30 min.**			

L = Laufen; R = Rad fahren; S = Schwimmen; K = Krafttraining

9. Woche: Intensität

	Dauer	Trainingsbereich	Nr.	% MHF
Mo				
Di	L 45 min.	Intensives Intervalltraining	7	85–90%
Mi	L 100 min.	Progressives Fettstoffwechseltraining	2	65% ± 5
Do				
Fr	K 20 min.			
Sa	L 60 min.	Extensiver Tempolauf	5	65–75%
So	L150 min.	Fettstoffwechseltraining	1	60–65%
Ges.	**6 h 15 min.**			

10. Woche: Intensität

	Dauer	Trainingsbereich	Nr.	% MHF
Mo				
Di	L 50 min.	Intensives Intervalltraining	7	85–90%
Mi	L 110 min.	Progressives Fettstoffwechseltraining	2	65% ± 5
Do				
Fr	K 25 min.			
Sa	L 80 min.	Progressiver Dauerlauf	4	70% ± 10
So	L150 min.	Fettstoffwechseltraining	1	60–65%
Ges.	**6 h 55 min.**			

11. Woche: Wettkampf

	Dauer	Trainingsbereich	Nr.	% MHF
Mo				
Di	S 45 min.		8	60–65%
Mi	L 40 min.	Regenerativer Lauf	8	60–65%
Do	L 60 min.	Intensives Intervalltraining	7	85–90%
Fr				
Sa	L 70 min.	Extensiver Tempolauf	5	75–80%
So	L 100 min.	Progressives Fettstoffwechseltraining	2	65% ± 5
Ges.	**5 h 15 min.**			

12. Woche: Wettkampf

	Dauer	Trainingsbereich	Nr.	% MHF
Mo				
Di	L 30 min.	Regenerativer Lauf	8	60–65%
Mi	L 40 min.	4 x 5 min. Intensiver Tempolauf	5	80–85%
Do				
Fr	L 20 min.	Regenerativer Lauf	8	60–65%
Sa				
So		**Marathon**		
Ges.	**1 h 30 min.**			

L = Laufen; R = Rad fahren; S = Schwimmen; K = Krafttraining

Trainingsplan: Unter dreieinhalb Stunden

Wenn Sie eine Zeit unter dreieinhalb Stunden anstreben, sollten Sie bereits über Lauferfahrung verfügen. Sind Sie bereits ein Jahr regelmäßig zwei- bis dreimal pro Woche gelaufen und bringen eine Fünf-Kilometerzeit von 21 bis höchstens 23 Minuten mit, haben Sie unter diesen Voraussetzungen gute Chancen, in 12 Wochen unter dreieinhalb Stunden zu bleiben.

Nur für erfahrene Läufer

Der Trainingsaufwand liegt durchschnittlich bei etwa sechs Stunden pro Woche. In der zehnten Woche geht er sogar bis auf acht Stunden hoch. Vier bis fünf Trainingseinheiten pro Woche sind die Regel. Das ist nur etwas für erfahrene Läufer. Anfänger sind spätestens nach der zweiten Woche im Übertraining. Schätzen Sie sich also realistisch ein. Alternative Ausdauersportarten dienen ausschließlich der Regeneration. Krafttraining wird zunehmend wichtiger.

Das Auf- und Abwärmen, das bereits in der Trainingszeit enthalten ist, ist für jede Trainingseinheit Pflicht. 10 bis 15 Minuten Warmlaufen sind auch für Trainingseinheiten mit geringerer Intensität zu empfehlen. Fünf bis zehn Minuten Auslaufen sind vor allem für intensivere Trainingseinheiten notwendig.

Sie sind ein regelmäßiger und guter Läufer und meinen, eigentlich wäre noch ein bisschen mehr drin? Mit diesem Trainingsplan schaffen Sie vielleicht eine neue persönliche Bestzeit.

Trainingsumfang in h pro Woche

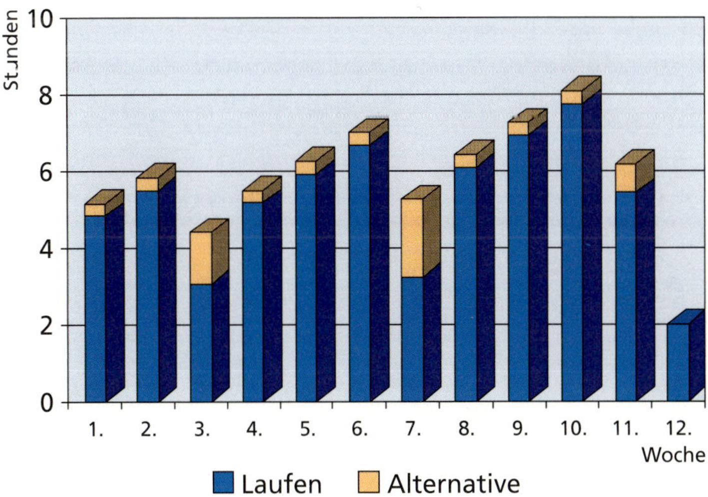

1. Woche: Gewöhnung

	Dauer	Trainingsbereich	Nr.	% MHF
Mo				
Di	L 40 min.	Intensiver Tempolauf	6	80–85%
Mi	L 80 min.	Progressiver Dauerlauf	4	70% ± 10
Do				
Fr	K 20 min.			
Sa	L 50 min.	Lockerer Dauerlauf	3	65–75%
So	L 120 min.	Fettstoffwechseltraining	1	60–65%
Ges.	**5 h 10 min.**			

2. Woche: Gewöhnung

	Dauer	Trainingsbereich	Nr.	% MHF
Mo				
Di	L 50 min.	Extensiver Tempolauf	5	80–85%
Mi	L 90 min.	Progressiver Dauerlauf	4	70% ± 10
Do				
Fr	K 20 min.			
Sa	L 60 min.	Lockerer Dauerlauf	3	65–75%
So	L 130 min.	Fettstoffwechseltraining	1	60–65%
Ges.	**5 h 50 min.**			

3. Woche: Gewöhnung

	Dauer	Trainingsbereich	Nr.	% MHF
Mo				
Di	L 35 min.	Regenerativer Lauf	8	60–65%
Mi	L 60 min.	Lockerer Dauerlauf	3	65–75%
Do				
Fr	K 20 min.			
Sa	L 90 min.	Fettstoffwechseltraining	1	60–65%
So	R 60 min.	Fettstoffwechseltraining	1	60–65%
Ges.	**4 h 15 min.**			

4. Woche: Aufbau

	Dauer	Trainingsbereich	Nr.	% MHF
Mo				
Di	L 40 min.	Intensiver Tempolauf	6	80–85%
Mi	L 90 min.	Progressiver Dauerlauf	4	70% ± 10
Do				
Fr				
Sa	K 20/L 50 min.	Extensiver Tempolauf	5	80–85%
So	L 130 min.	Fettstoffwechseltraining	1	60–65%
Ges.	**5 h 30 min.**			

L = Laufen; R = Rad fahren; S = Schwimmen; K = Kraft; K/L = zuerst Krafttraining, anschließend Laufen

5. Woche: Aufbau

	Dauer	Trainingsbereich	Nr.	% MHF
Mo				
Di	L 50 min.	Extensiver Tempolauf	6	80–85%
Mi	K 20/L 75 min.	Lockerer Dauerlauf	3	65–75%
Do				
Fr	L 30 min.	Intensiver Tempolauf	6	80–85%
Sa	L 60 min.	Progressiver Dauerlauf	4	70% ± 10
So	L 140 min.	Fettstoffwechseltraining	1	60–65%
Ges.	**6 h 15 min.**			

6. Woche: Aufbau

	Dauer	Trainingsbereich	Nr.	% MHF
Mo				
Di	L 50 min.	Extensiver Tempolauf	6	80–85%
Mi	K 20/L 90 min.	Lockerer Dauerlauf	3	65–75%
Do				
Fr	L 40 min.	Intensiver Tempolauf	6	80–85%
Sa	L 70 min.	Progressiver Dauerlauf	4	70% ± 10
So	L 150 min.	Fettstoffwechseltraining	1	60–65%
Ges.	**7 h**			

7. Woche: Aufbau

	Dauer	Trainingsbereich	Nr.	% MHF
Mo				
Di	S 30 min.		8	60–65%
Mi	L 60 min.	Lockerer Dauerlauf	3	65–75%
Do				
Fr	L 35 min.	Regenerativer Lauf	8	60–65%
Sa	L 100 min.	Fettstoffwechseltraining	1	60–65%
So	R 90 min.	Fettstoffwechseltraining	1	60–65%
Ges.	**5 h 15 min.**			

8. Woche: Intensität

	Dauer	Trainingsbereich	Nr.	% MHF
Mo				
Di	L 50 min.	Extensiver Tempolauf	6	80–85%
Mi	K 20/L 90 min.	Lockerer Dauerlauf	3	65–75%
Do				
Fr	L 30 min.	Intensives Intervalltraining	7	85–90%
Sa	L 55 min.	Lockerer Dauerlauf	3	65–75%
So	L 140 min.	Fettstoffwechseltraining	1	60–65%
Ges.	**6 h 25 min.**			

L = Laufen; R = Rad fahren; S = Schwimmen; K = Kraft; K/L = zuerst Krafttraining, anschließend Laufen

9. Woche: Intensität

	Dauer	Trainingsbereich	Nr.	% MHF
Mo				
Di	L 60 min.	Extensiver Tempolauf	6	80–85%
Mi	L 100 min.	Progressives Fettstoffwechseltraining	2	65–75%
Do	K 20 min.			
Fr	L 40 min.	Intensives Intervalltraining	7	85–90%
Sa	L 65 min.	Lockerer Dauerlauf	3	65–75%
So	L 150 min.	Fettstoffwechseltraining	1	60–65%
Ges.	**7 h 15 min.**			

10. Woche: Intensität

	Dauer	Trainingsbereich	Nr.	% MHF
Mo				
Di	L 70 min.	Extensiver Tempolauf	6	80–85%
Mi	L 110 min.	Progressives Fettstoffwechseltraining	2	65–75%
Do	K 20 min.			
Fr	L 40 min.	Intensives Intervalltraining	7	85–90%
Sa	L 85 min.	Lockerer Dauerlauf	3	65–75%
So	L 160 min.	Fettstoffwechseltraining	1	60–65%
Ges.	**8 h 5 min.**			

11. Woche: Wettkampf

	Dauer	Trainingsbereich	Nr.	% MHF
Mo				
Di	S 45 min.		8	60–65%
Mi	L 40 min.	Regenerativer Lauf	8	60–65%
Do	L 60 min.	Intensives Intervalltraining	7	85–90%
Fr	L 35 min.	Regenerativer Lauf	8	60–65%
Sa	L 70 min.	Extensiver Tempolauf	5	75–80%
So	L 120 min.	Progressives Fettstoffwechseltraining	2	65% ± 5
Ges.	**6 h 10 min.**			

12. Woche: Wettkampf

	Dauer	Trainingsbereich	Nr.	% MHF
Mo				
Di	L 30 min.	Regenerativer Lauf	8	60–65%
Mi	L 60 min.	5–6 x 5 min. Intensiver Tempolauf	5	80–85%
Do				
Fr	L 30 min.	Regenerativer Lauf	8	60–65%
Sa				
So		**Marathon**		
Ges.	**2 h**			

L = Laufen; R = Rad fahren; S = Schwimmen; K = Kraft; K/L = zuerst Krafttraining, anschließend Laufen

Krafttraining für Marathonläufer

Ein regelmäßiges Krafttraining ist für Läufer empfehlenswert, die bereits über eine gewisse Leistungsfähigkeit verfügen. Wenn es Ihnen ausschließlich ums Ankommen geht, würde Sie ein zusätzliches Krafttraining zu sehr belasten und die Regenerationszeit verlängern. Wenn Sie in der Lage sind, unter vier Stunden zu laufen, bringt Ihnen ein regelmäßiges Krafttraining folgende Vorteile:

- Verbesserung der Laufleistung
- Vorbeugung von Verletzungen und Überlastungen

Macht nicht nur die Beine fit

Auf der folgenden Seite finden Sie die wichtigsten Übungen für Läufer. Das Training der Beinmuskulatur dient der Leistungssteigerung und der Vorbeugung von Überlastungsproblemen der unteren Extremität. Das Training der Rumpf- und Oberkörpermuskulatur ist als Ausgleichstraining zu betrachten. Bauch-, Rücken- und Oberkörpermuskulatur sind bei Läufern oft zu schwach.

Zu dem ganz auf Ausdauer ausgerichteten Marathontraining sind Kraftübungen ein guter Ausgleich: Vernachlässigte Muskelbereiche kommen auch mal »dran« und die ohnehin beanspruchten Beinmuskeln werden kräftiger.

So machen Sie es richtig!

- Absolvieren Sie einen so genannten Kraftzirkel, d. h. Sie beginnen mit der ersten Übung, wechseln ohne Pause zur nächsten Übung usw.
- Wenn Sie jede Übung einmal absolviert haben machen Sie eine Pause von einer Minute.
- Absolvieren Sie jede Übung mit 15 und 20 Wiederholungen.
- Für manche Übungen benötigen Sie einen Gymnastikball, den Sie in jedem Sportgeschäft oder Kaufhaus ab cirka 15 Euro erhalten.
- Achten Sie bei der Übungsausführung darauf, dass die Muskelgruppe, die Sie gerade trainieren, immer unter Spannung bleibt. Setzen Sie nicht ab!
- Absolvieren Sie alle Übungen langsam und korrekt. Achten Sie darauf, dass sich keine Ausweichbewegungen einschleichen. Zählen Sie 21, 22, …
- Halten Sie nicht den Atem an und vermeiden Sie eine Pressatmung.

Oberschenkelvorderseite

Stellen Sie sich mit dem Rücken zu einer Wand. Zwischen Ihrem unteren Rücken und der Wand befindet sich ein Gymnastikball. Stellen Sie die Fußsohle eines Beines an die Wand. Gehen Sie langsam soweit in die Kniebeuge, dass das Knie des freien Beines gerade nicht den Boden berührt. Wenn Sie wieder hoch kommen, strecken Sie das Knie nicht ganz durch. Trainieren Sie anschließend das andere Bein.

Oberschenkelrückseite

Sie liegen auf dem Rücken. Die Arme sind seitlich neben dem Körper ausgestreckt. Legen Sie den rechten Unterschenkel auf den Gymnastikball und heben Sie das Becken an. Schulter Hüfte und Knie bilden eine Linie. Das linke Bein winkeln Sie nach oben an.
Ziehen Sie jetzt den Gymnastikball zum Gesäß. Der Ball berührt dieses nicht. Trainieren Sie anschließend das andere Bein.

Rückenmuskulatur

Legen Sie sich über einen Gymnastikball. Stützen Sie sich mit den Fußsohlen an einer Wand ab und nehmen Sie die Hände seitlich an den Kopf. Heben Sie den Oberkörper über die Horizontale an. Ferse, Hüfte und Schulter sollten eine Linie bilden. Anschließend senken Sie den Oberkörper nur soweit ab, dass die Rückenmuskulatur unter Spannung bleibt.

Bauchmuskulatur

Legen Sie sich auf den Rücken und winkeln Sie die Beine an. Die Arme strecken Sie nach vorne aus, der Kopf bleibt in Verlängerung der Wirbelsäule. Rollen Sie den Oberkörper nach vorne ein. Die Lendenwirbelsäule bleibt immer auf dem Boden liegen. Beim Zurückgehen nicht wieder ganz absetzen: Die Bauchmuskulatur bleibt immer unter Spannung.

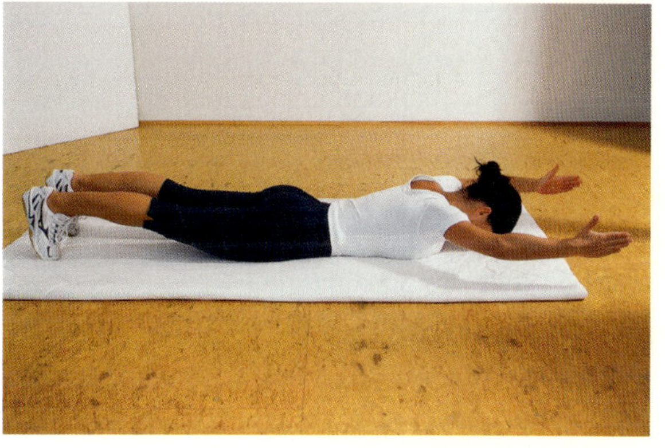

Schultermuskulatur

Legen Sie sich auf den Bauch. Heben Sie den Oberkörper leicht an und winkeln Sie die Arme seitlich an. Die Ellbogen bleiben immer auf Schulterhöhe und der Kopf schaut nach unten. Strecken Sie die Arme langsam nach vorne. Halten Sie den Oberkörper während der ganzen Bewegung unter Spannung. Beim Zurückführen der Arme ziehen Sie die Schulterblätter zueinander.

Brustmuskulatur

Stützen Sie sich auf die Knie und die Hände. Knie, Hüfte und Schultern bilden nahezu eine Linie. Halten Sie den Kopf gerade mit Blick zum Boden. Senken Sie jetzt den Oberkörper langsam zum Boden ab, aber berühren Sie diesen nicht. Beugen Sie die Ellbogen und halten Sie Knie, Hüfte und Schultern in einer Linie.

Spannen Sie die Bauchmuskulatur an, um zu vermeiden, dass Sie in ein Hohlkreuz kommen.

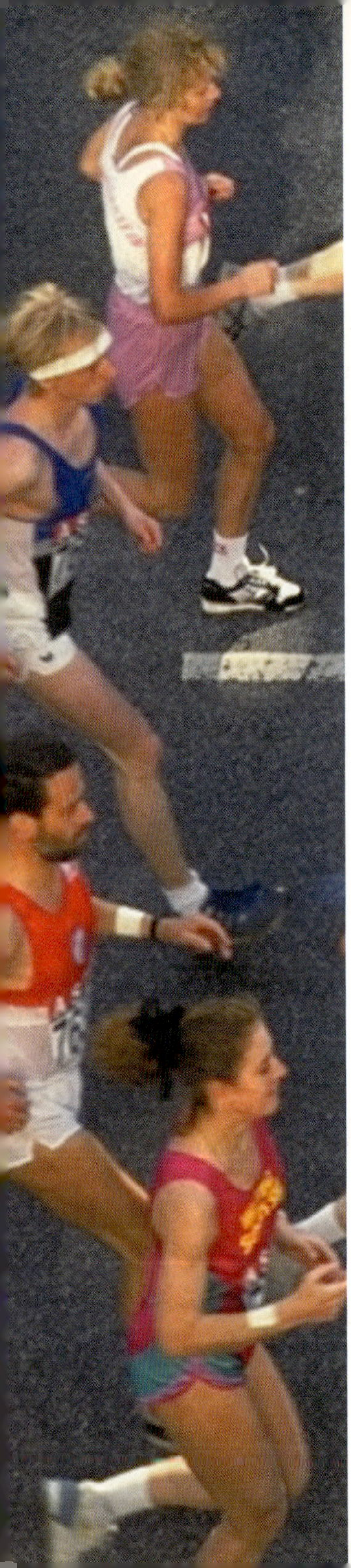

Der Count-down läuft –

so klappt die Vorbereitung

Der Termin der großen Bewährungsprobe rückt näher und Sie werden langsam nervös, trotz bester Vorbereitung? Hier finden Sie im Überblick, was Sie vor und während des Laufs beachten sollten.

Bei den meisten unerfahrenen Marathonläufern herrscht etwa zwei Wochen vor dem großen Tag Unsicherheit. Sie realisieren plötzlich, wie knapp die Zeit wird. Mancher versucht jetzt noch panisch das nachzuholen, was vielleicht in der Vorbereitungszeit gefehlt hat. Doch dafür ist es jetzt zu spät. Zwei Wochen vor dem Wettkampf muss die körperliche Vorbereitung abgeschlossen sein. Das heißt nicht, dass Sie ab jetzt nicht mehr trainieren sollen. Im Gegenteil! Es kommt aber auf das richtige Training an.

Die letzten zwei Wochen im Zeitraffer

Diese Phase der unmittelbaren Wettkampfvorbereitung wird auch »Tapering« genannt. Zu deutsch: die Form zuspitzen. Folgende Übersicht zeigt Ihnen, wie Sie auch in den letzten beiden Wochen vor Ihrem Marathon alles richtig machen.

14. Tag vor dem Marathon

Die Wochen mit dem größten Trainingsumfang und dem letzten langen Lauf liegt hinter Ihnen. Ihr Körper muss jetzt erst einmal eine lange Zeit der Vorbereitung verarbeiten.
Ab jetzt keine langen Trainingseinheiten mehr. Statt dessen kurze, intensive Läufe und viel Zeit zur Regeneration.

13. bis 11. Tag vor dem Marathon

Jetzt sind erst einmal drei Tage Erholung angesagt. Alles was die Erholung beschleunigt, sollten Sie nutzen: Schlaf, gesunde Ernährung und Ruhetage.
Wer das Gefühl hat, sich durch einen regenerativen Lauf schneller zu erholen, darf auch etwas laufen. Alle anderen können jetzt erst einmal die Beine hochlegen.

Widerstehen Sie der Versuchung, Ihre Grenzen schon vor dem Marathon austesten zu wollen. Gerade kurz vor dem Wettkampf ist es wichtig, die Regenerationszeiten einzuhalten und sich nicht vorzeitig zu verausgaben.

10. Tag vor dem Marathon

Damit Sie nicht schon eine Woche vor dem Marathon in Form sind (und sie dann wieder verlieren), steht jetzt ein kurzes intensives Training auf dem Programm. Einerseits braucht Ihr Körper Erholung, andererseits geben ihm die intensiven Einheiten den letzten Schliff.

9. Tag vor dem Marathon

Noch einmal können Sie eine Ruhepause einschalten – wieder ein Tag Regeneration. Entweder machen Sie nur ein kurzes Läufchen oder Sie legen konsequent die Beine hoch.

8. und 7. Tag vor dem Marathon

Nun folgt der letzte kleine Trainingsblock. An zwei aufeinanderfolgenden Tagen trainieren Sie nochmals ziemlich intensiv und auch noch einmal etwas länger. Ziel ist es in diesen Tagen, Ihre Kohlenhydratspeicher zu entleeren.

6. und 5. Tag vor dem Marathon

Nudeln Sie sich! Jetzt können Sie mal ausgiebig schlemmen, ohne den leisesten Gedanken an Ihre Linie zu verschwenden. Auch der reichlich aufgefüllte Kohlenhydratspeicher wird sich bei der kommenden Belastung ganz sicher entleeren.

Das Training wird nun ausgesetzt. Ab jetzt sollten Sie auch Ihrer Ernährung nochmals verstärkte Aufmerksamkeit widmen. Praktisch heißt das in erster Linie: Der Kohlenhydratanteil Ihrer Nahrungsmittel sollte sich langsam erhöhen.

4. Tag vor dem Marathon

Nun steht das letzte eigentliche Training an. Nach einem 10- bis 15-minütigem Aufwärmen sind einige kurze Intervalle (zum Beispiel drei mal drei Minuten) im geplanten Marathontempo ausreichend. Anschließend fünf Minuten Auslaufen.

3. bis 1. Tag vor dem Marathon

Die letzten drei Tage können Sie individuell gestalten. Entweder Sie trainieren regenerativ oder Sie legen die Beine hoch. Keinesfalls sollten Sie noch irgendwelche intensiven oder längeren Läufe machen.

Expertentipp

Mehr Kohlenhydrate – aber in Maßen

Wichtig! Fahren Sie den Kohlenhydratanteil Ihrer Nahrungsmittel auf 70 Prozent hoch. Auch die Nahrungsmenge liegt etwas über Normalniveau. Ihr Speiseplan sollte vor allem Nudeln, Reis oder andere Kohlenhydrate vorsehen. Bei den beliebten Kohlenhydratpartys am Vorabend des Marathons sollten Sie sich aber zurückhalten. Am Marathontag muss auch Ihr Magen Schwerstarbeit leisten.

Der große Tag ist da

Die Nacht vorher: Sie haben schlecht geschlafen? Kein Problem: Das beeinträchtigt Ihre Leistungsfähigkeit nicht! Wichtig ist nur, dass Sie entweder die letzte oder vorletzte Nacht vor dem Marathon genug Schlaf bekommen haben.

Benutzen Sie nur Ausrüstung (Schuhe, Laufhose, Laufhemd), die Sie mehrmals zuvor bei längeren Läufen ausprobiert haben. Verwenden Sie vor allem keine neuen Laufschuhe am Wettkampftag.

Drei Stunden vor dem Start

Das Frühstück sollte abgeschlossen sein. Essen Sie um Gottes Willen nichts, was Sie nicht vorher schon ausprobiert haben. Keine Experimente mit irgendwelchen Zauberriegeln, die Sie bei der Marathonmesse noch erstanden haben. So was geht immer schief.

Bis zum Start

Trinken Sie immer wieder schluckweise Flüssigkeit. Am besten eine vier- bis sechsprozentige Kohlenhydratlösung. Bis 20 Minuten vor dem Start sollte Ihre Warmlaufphase abgeschlossen sein. Zehn Minuten sind ausreichend.
Begeben Sie sich rechtzeitig in die Startzone. Als Anfänger sollten Sie sich in jedem Fall in den hinteren Startreihen einordnen. Lassen Sie am besten einen alten Jogginganzug oder ein T-Shirt an, das Sie kurz vor dem Start an den Straßenrand werfen. Bei den meisten Veranstaltungen werden diese Kleider eingesammelt und einem guten Zweck zugeführt.

Los geht's: Exakt 42 195 Meter trennen Sie vom Ziel.

Der Start

Wenn Sie jetzt auf Ihren Pulsmesser blicken, werden Sie feststellen, dass Sie bereits im Stehen einen Tempolauf absolvieren. Keine Panik! Das ist normal. Wenn der Startschuss fällt, laufen Sie betont langsam los. Das ist nicht ganz leicht, denn alle anderen um Sie herum sprinten los, als wären nur fünf Kilometer zu absolvieren. Das sind diejenigen, die Sie in der zweiten Marathonhälfte wieder einholen werden.
Der größte Fehler, den Sie jetzt machen können, ist, dass Sie zu schnell loslaufen. Die Herzfrequenz ist wegen der Aufregung noch keine nützliche Aussage.

Kilometer 1 bis 5

Auch ein Problem für Männer: Decken Sie Ihre Brustwarzen mit Klebeband ab, um Scheuerstellen zu vermeiden. Bei Frauen kann ein Sport-BH als Schutz reichen – aber sicher ist sicher!

Die Herzfrequenz sollte sich jetzt auf das Niveau einpendeln, das für den Wettkampf vorgesehen ist. Wenn Sie über vier Stunden bleiben, sollte Ihre Obergrenze bei etwa 75 Prozent Ihrer maximalen Herzfrequenz (Karvonen-Methode) liegen. Das entspricht dem lockeren Dauerlauf. Diejenigen, die unter vier Stunden bleiben wollen, definieren Ihre Obergrenze etwa bei 80 Prozent der maximalen Herzfrequenz. Nutzen Sie schon in der Anfangsphase konsequent jede Trinkstation.

Kilometer 5 bis 21

Bis zur Hälfte läuft es in der Regel rund. Beginnen Sie nach etwa einer Stunde Wettkampfdauer mit der Energieaufnahme, wie sie im Ernährungskapitel beschrieben ist. Sie legen jetzt durch die Energiezufuhr die Grundlage dafür, dass Sie das Ziel erreichen. Halten Sie sich weiter konsequent an Ihre Herzfrequenz.

Kilometer 21 bis 30

Psychologisch kann das dritte Viertel das schwerste werden. Sie sind jetzt vielleicht so lange unterwegs wie nie zuvor in Ihrem Leben. Lassen Sie sich nicht erschrecken von dem Gedanken an die Strecke, die noch vor Ihnen liegt. Konzentrieren Sie sich weiter nur auf Laufen, Trinken und Energieaufnahme. Auch wenn Sie sich noch frisch fühlen: keine Tempoerhöhung. Das ist noch zu früh.

Kilometer 30 bis 42 195

So langsam nähert sich der Zeitpunkt, an dem Sie Ihre Herzfrequenz ignorieren können. Der Körper überhitzt, die Energievorräte gehen zur Neige. Die Herzfrequenz ist jetzt kein Maßstab mehr für die Belastung. Ab Kilometer 35 können Sie ans Limit gehen – wenn Sie sich noch gut fühlen! Für alle anderen: Augen zu und durch.

Auch wenn es schwer wird, brauchen Sie keine Angst zu haben, dass Sie Ihre Gesundheit schädigen. Wenn Sie gesund sind, hat Ihr Körper Sicherungsmechanismen, um das Herz-Kreislaufsystem zu schützen. Diese so genannten autonom geschützten Reserven können Sie normalerweise nicht überschreiten.

Im Regelfall ist der Grund für eine Aufgabe sehr einfach: Ihr Magen kann die angebotene Energie nicht mehr verarbeiten. Damit geht dem Organismus und somit der Muskulatur der Brennstoff aus. Sie müssen gehen, immer wieder Pause machen, im Notfall sogar aufgeben.

Und wenn es nicht geklappt hat und Sie aufgeben mussten? Das ist kein Beinbruch, denn jetzt wissen Sie vermutlich ganz genau, woran es gelegen hat und was Sie bei der Vorbereitung vernachlässigt haben – beste Voraussetzungen also für das nächste Mal!

Im Ziel

Herzlichen Glückwunsch! Sie haben es geschafft. Nachdem die letzten Kilometer sicherlich schwer waren, sind Sie jetzt einfach nur glücklich, dass die Anstrengung vorbei ist. Eine Stunde nach dem Zieleinlauf werden Sie sagen: nie wieder! Einen Tag danach: So schlimm war es gar nicht! Eine Woche später: Beim nächsten Mal bin ich schneller!

Die Zeit danach

Sorgen Sie sofort nach dem Zieleinlauf für trockene, warme Kleidung. Ihr Körper ist jetzt schutzlos dem kleinsten Virus ausgesetzt und sollte jetzt erstmal gehegt und gepflegt werden. Stellen Sie sich außerdem darauf ein, dass Sie nicht mehr gehen können, sobald Ihre Muskulatur abgekühlt ist. Jeder Bordstein wird zum unüberwindbaren Hindernis. Sie werden den übelsten Muskelkater Ihres Lebens bekommen. Nach zwei bis drei Tagen ist zwar das Gröbste vorbei, es wird allerdings drei Monate dauern, bis in Ihrer Muskulatur keine Spuren des Marathons mehr nachweisbar sind.

Trainingsplaner

Kopieren Sie sich diese Seite zwölfmal als Trainingsplaner für 12 Wochen. Notieren Sie jeden Tag Gewicht, Schlafzeit und vor allem Ihren Ruhepuls. Ein beginnendes Übertraining deutet sich schon früh an einem erhöhten Ruhepuls an. Ist er über mehrere Tage um sieben und mehr Schläge erhöht, brauchen Sie mehr Erholung.
Noch einfacher gestalten Sie Ihr Training mit der CD-ROM, die eine individuelle Anpassung der Pläne ermöglicht.

Woche Nr. vom: bis:	Sportart	Dauer	Herzfrequenz	Trainingsbereich	Bemerkung
Mo Gewicht: Schlaf: Ruhepuls:					
Di Gewicht: Schlaf: Ruhepuls:					
Mi Gewicht: Schlaf: Ruhepuls:					
Do Gewicht: Schlaf: Ruhepuls:					
Fr Gewicht: Schlaf: Ruhepuls:					
Sa Gewicht: Schlaf: Ruhepuls:					
So Gewicht: Schlaf: Ruhepuls:					
Summe					

Die Trainingsbereiche im Überblick

Nr.	Trainingsbereich	Dauer: Anfänger	Dauer: Fortgeschrittene	%MHF	Ihre persönlichen Herzfrequenzen
1	Fettstoffwechseltraining	60–120 min.	90–150 min.	60–65%	____________
2	Progressives Fettstoffwechseltraining	60–90 min.	90–120 min.	65% ± 5	____________
3	Lockerer Dauerlauf	50–70 min.	60–90 min.	65–75%	____________
4	Progressiver Dauerlauf	40–60 min.	60–90 min.	70% ± 10	____________
5	Extensiver Tempolauf	40–60 min.	50–80 min.	75–80%	____________
6	Intensiver Tempolauf	30–40 min.	30–60 min.	80–85%	____________
7	Intensives Intervalltraining	____________	30–60 min.	85–90%	____________
8	Regenerativer Lauf	15–30 min.	20–40 min.	60–65%	____________

Leistungsdiagnostik

Wer sich mal so richtig auf den Kopf stellen lassen will, kann eine so genannte Leistungsdiagnostik ausprobieren. Diese Trainingsberatung war früher Leistungssportlern vorbehalten, wird aber immer mehr auch von Breitensportlern genutzt. Folgende Institute führen diese Diagnostik durch:

Institut für Sport und Reha
Gerichtsstr. 5
01069 Dresden
Tel. 03 51/4 59 33 57

Institut für Sport- und Bewegungsmedizin, Universität Hamburg
Mollerstr. 10
20148 Hamburg
Tel. 0 40/4 28 38 35 99

MSG-Hannover
Dr. Norbert Maassen, Gerald Schneider
Peiner Str. 2
30519 Hannover
Tel. 05 11/8 42 04 15

Sportmedizinisches Institut der Universität Paderborn
Prof. Dr. Liesen, Dr. Baum
Waburger Str. 100
33098 Paderborn
Tel. 0 52 51/60 31 80

Institut für Trainingsoptimierung
Dr. André Albrecht
Elsterweg 5
38446 Wolfsburg
Tel. 0 53 61/55 85 58

ProFormance
Institut für Leistungsoptimierung
Löhdorfer Str. 21
42699 Solingen
Tel. 02 12/65 02 90

Institut für Sportdiagnostik
Dr. Föhrenbach
Sprendlinger-Landstr. 180
63069 Offenbach
Tel. 0 69/83 83 86 91

Rehaklinik Saarschleife
Dr. med. Wessinghage
Cloefstr. 1a
66693 Mettlach-Orscholz
Tel. 0 68 65/90 18 30

Sport Institut Stuttgart für Sport und Präventiv-Medizin
Prof. Dr. Ritthaler
Martin-Luther-Str. 3
70372 Stuttgart
Tel. 07 11/5 53 51 77

Medizinische Universitätsklinik Freiburg
Prof. Dr. J. Keul, Abt. Reha
Präventive Sportmedizin
Hugstetter Str. 55
79106 Freiburg
Tel. 07 61/2 70 74 73

Leistungsdiagnostik und Trainingssteuerung Gabriel
Herbert Gabriel
Langbehnstr. 4
82256 Fürstenfeldbruck/Puch
Tel. 0 81 41/29 06 20

Therapie- und Trainingszentrum Friedberg
Christof Baur, Bernd Thurner
Thomas-Dölle-Str. 16
86316 Friedberg
Tel. 08 21/6 08 91 20

km coaching
Katja Mayer
Schillerstr. 11
86391 Stadtbergen bei Augsburg
Tel. 08 21/2 43 12 17

Triagnostik
Praxis Dr. Lockenvitz
Rieterstr. 97
90530 Wendelstein
Tel. 0 91 29/2 80 71

Medisport GmbH
Dr. Christian Merkl
Puricellistr. 34
93049 Regensburg
Tel. 09 41/2 92 18

PReDIa Sport, Institut für Leistungsdiagnostik und Fitness Management
Thomas Frobel
Virchowstr. 22
97072 Würzburg
Tel. 09 31/8 60 62

Marathon in Deutschland und Europa

Die genaue Ausschreibung der Veranstaltungen sowie weitere Adressen finden Sie unter: www.marathon.de

Jan.	Jack London-Marathon	22359 Hamburg
	Berliner Team-Marathon	12619 Berlin
Feb.	Johannesbad Thermen-Marathon	94072 Bad Füssing
	Kiel Marathon	24148 Kiel
März	Bienwald-Marathon	76870 Kandel
	Steinfurter Marathon	48565 Steinfurt
	Königsforst-Marathon	51429 Bergisch-Gladbach
April	Paris-Marathon	F-75000 Paris
	Bonner Stadt-Marathon	53142 Bonn
	Linzer Marathon	A-4020 Linz
	London Marathon	GB-London
	Hamburg-Marathon	22254 Hamburg
	Marathon Rotterdam	NL-3001 Rotterdam
	Leipzig-Marathon	04109 Leipzig
	Neuschwanstein-Marathon	87645 Schwangau
Mai	Königstein-Dresden-Marathon	01257 Dresden
	Spielbanken Marathon	30175 Hannover
	Eifel-Marathon	54634 Bitburg-Stahl
	Stadt-Marathon Würzburg	97072 Würzburg
	Marathon Prag	CZ-12000 Prag
	Vienna City Marathon	A-1100 Wien
Juni	Iller-Marathon	87509 Immenstadt
	Ostfriesland-Marathon	26835 Hesel
	Hansestadt Lübeck-Marathon	23503 Lübeck
Juli	König-Ludwig Marathon	87629 Füssen
Aug.	Nachtmarathon Marburg	35043 Marburg
Sept.	Mitteldeutscher Marathon	06108 Halle/Saale
	Baden-Marathon Karlsruhe	76028 Karlsruhe
	Berlin-Marathon	14055 Berlin
	Fränkische Schweiz-Marathon	91301 Forchheim
Okt.	Ford Köln-Marathon	50933 Köln
	3-Länder-Marathon am Bodensee	A-6900 Bregenz
	Medien Marathon München	80336 München
	Dresden-Marathon	01239 Dresden
	Kaiserstuhl-Marathon	79346 Endingen

Beratung und Ernährung

Sie brauchen eine noch individuellere Beratung? Sie wollen Ihren eigenen persönlichen Trainer? Dann schauen Sie doch mal auf der Internetseite von Christof Baur und Bernd Thurner vorbei:
www.rent-a-coach.de

Ernährungsprodukte für Sportler: Riegel, Energiegetränke, Kohlenhydratgel vertreibt die Firma Power Bar Europe Sales and Marketing GmbH & Co. KG, www.powerbar.de

Empfehlenswerte Literatur

Neumann G.: Ernährung im Sport. Meyer & Meyer Verlag. Aachen 2000.

Sleamaker R.: Systematisches Leistungstraining. Schritte zum Erfolg. Meyer & Meyer Verlag. Aachen 1996.

Hottenrott K., Zülch M.: Ausdauertraining Laufen. Training mit System. Rowohlt. Reinbek bei Hamburg 1992.

Die CD zum Buch

Diesem Buch liegt eine CD-ROM bei, auf der ein durchdachter und genau auf das Buch abgestimmter Trainingsplan für Ihre Marathonvorbereitung ist. Dieser Trainingsplan ist im praktischen Microsoft Excel® Format und kann mit den Excelversionen 97, 2000 und XP bearbeitet werden. Läuft eine dieser Versionen von Microsoft Excel auf Ihrem PC, hat dieser im Normalfall auch keine Probleme mit der Software auf der mitgelieferten CD-ROM.
Die Systemvorraussetzungen sind:
Pentium-Prozessor oder besser, 32 MB Arbeitsspeicher, Grafikkarte mit mindestens 65 536 Farben (entspricht »16 Bit« bzw. »High-Color«) und einer Auflösung von 800 x 600 Pixel, CD-ROM-Laufwerk, Microsoft Windows® Betriebssystem ab Version 95 (auch 98, ME, XP, 2000, NT 4). Auf Ihrem Rechner muss Microsoft Excel® ab Version 97 installiert sein.
Um die beiliegende CD-ROM zu starten, legen Sie sie in das CD-ROM-Laufwerk Ihres Computers ein. Windows startet nun automatisch die Benutzeroberfläche der CD. Ist die Autorun-Funktion an Ihrem PC deaktiviert, können Sie die CD auch ganz leicht manuell starten: Öffnen Sie dazu den Windows Explorer, wechseln Sie zu Ihrem CD-ROM Laufwerk (meist **D:**) und starten Sie die Datei **start.exe** mit einem Doppelklick. So leicht haben Sie die Benutzeroberfläche gestartet.
Rechts in der Startoberfläche sehen Sie die einzelnen Menüpunkte der CD-ROM. Wir empfehlen Ihnen, die »Ersten Schritte« zu lesen, die Ihnen noch einige wichtige Hinweise zur Benutzung der Software gibt. Diese Datei (und auch die Hinweise zu Copyright und Support) sind im populären PDF-Format auf der CD hinterlegt. Damit Sie diese Dateien lesen können, benötigen Sie das Programm »Adobe Acrobat Reader«. Sollte dieses nützliche Programm noch nicht auf Ihrem PC installiert sein, empfehlen wir Ihnen, das jetzt zu erledigen. Klicken Sie einfach auf den Punkt **Acrobat Reader installieren,** um die Installation zu starten. Eine komfortable Setuproutine wird Sie Schritt für Schritt durch den Installationsvorgang leiten und Ihnen die einzelnen Schritte erklären.

Register

Alkohol 36

Bauchmuskulatur 66 f.
Blutzuckerspiegel 43
Body-Mass-Index 10
Brustmuskulatur 66

Energiebereitstellung, aerobe 13 f., 21, 34
– anaerobe 13 f., 21, 34
Energiegetränke 36, 42
Ernährung 38 ff.
Extensiver Dauerlauf 28

Fettstoffwechseltraining 24
Fettverbrennung 14 f.
Flüssigkeitsausgleich 36, 40

Gesundheitscheck 7, 76
Getränke, geeignete 40, 44

Herzfrequenz 16 ff.
Herzfrequenz, Bestimmung 18
Herzfrequenz, maximale (MHF) 17
Hormone 35
Hungerrast 43

Immunsystem 37
Intensiver Tempolauf 29
Intensives Intervalltraining 30

Karvonen-Methode 20
Koffein 36
Kohlenhydrate 41
Kohlenhydratgel 45
Kohlenhydratverbrennung 14 f., 21
Krafttraining 65 ff.

Laktat 20
Laktatmessung 21 f.
Lebensmittel, richtige Auswahl von 39
Leistungscheck 11
Leistungsdiagnostik 76
Lockerer Dauerlauf 26

Marathon, letzte Tage davor 69
Marathon, Nachbereitung 73
Marathon, Regeln für den Lauf 72 f.
Milchsäure 20
Mitochondrien 13, 20
Motivation 8

Nüchterntraining 42

Oberschenkelrückseite 66
Online-Coaching 78

Progressiver Dauerlauf 27
Progressives Fettstoffwechseltraining 25
Pulsfrequenz 16
Pulsuhr 17 f.

Regeneration 32 ff.
Regenerativer Lauf 31
Rückenmuskulatur 66
Ruhepuls 17
Ruhetage 37

Schlaf 34 f.
Schlafroutine 35
Schultermuskulatur 66
Schweißbildung 40
Soziales Umfeld 7, 9 f.
Superkompensation 33

Tapering 69
Training, systematisches 5 f.
Trainingsbereiche, Überblick 75
Trainingsblöcke 47 f.
Trainingspläne:
– Ankommen mit Minimalaufwand 49 ff.
– sicher ankommen 53 ff.
– unter dreieinhalb Stunden 61 ff.
– unter vier Stunden 57 ff.
Trainingsplaner 74
Trinkgurt 45
Tryptophan 35

Veranstaltungskalender 77
Voraussetzungen 6 f.
Vorbereitung 5

Impressum

Die Autoren

Christof Baur und Bernd Thurner sind Diplomsportlehrer für Prävention und Rehabilitation und arbeiten am Therapie- und Trainingszentrum in Friedberg/Augsburg. Ihr Spezialgebiet ist das Training von Marathonläufern.

Wichtiger Hinweis

Die im Buch veröffentlichten Ratschläge wurden mit größter Sorgfalt von Verfassern und Verlag erarbeitet und geprüft. Eine Garantie kann jedoch nicht übernommen werden. Ebenso ist eine Haftung der Verfasser bzw. des Verlages und seiner Beauftragten für Personen-, Sach- oder Vermögensschäden ausgeschlossen.

Bildnachweis

Umschlagfoto: ZEFA/Benda
Fotos: Fotex/Jan Zimmermann S. 4, 12, 22, 32, 38, 46, 68;
Bongarts/Vivien-Venzke (2) S. 45, 71;
Silvia Lammerts S. 66–67;
Polar Electro GmbH Deutschland S. 18;
The Image Bank S. 10.

Die Deutsche Bibliothek – CIP-Einheitsaufnahme

Ein Titeldatensatz für diese Publikation ist bei der Deutschen Bibliothek erhältlich.

Impressum

2002 Droemersche Verlagsanstalt Th. Knaur Nachf., München

Projektleitung:
Caroline Colsman
Redaktion:
Dr. Marion Onodi, Planegg
Herstellung:
Gabriele Schnitzlein
Bildredaktion: Sylvie Busche (Ltg.), Kirsten Dieckerhoff
Umschlagkonzeption:
Hilden-Design, München
Satz: Max Vornehm GmbH, München
Printed in Italy

ISBN 3-426-66785-1

Tabelle S. 15 aus:
Hollmann W., Hettinger T.: Sportmedizin Grundlagen für Arbeit, Training und Präventivmedizin. Schattauer Verlagsgesellschaft mbH. Stuttgart, New York 2000.

Gedruckt auf elementar chlorfrei gebleichtem Papier

Besuchen Sie uns im Internet:
www.droemer-weltbild.de